新疆大学西北少数民族研究中心

新疆维吾尔自治区
农村社会保障建设研究

XINJIANG WEIWUER ZIZHIQU NONGCUN SHEHUI
BAOZHANG JIANSHEYANJIU

甘晓成◎著

经济管理出版社
ECONOMY & MANAGEMENT PUBLISHING HOUSE

图书在版编目（CIP）数据

新疆维吾尔自治区农村社会保障建设研究／甘晓成著.—北京：经济管理出版社，2020.11

ISBN 978-7-5096-7629-5

Ⅰ.①新… Ⅱ.①甘… Ⅲ.①农村—社会保障—研究—新疆 Ⅳ.①F323.89

中国版本图书馆 CIP 数据核字（2020）第 236341 号

组稿编辑：丁慧敏
责任编辑：丁慧敏　张广花　李光萌
责任印制：黄章平
责任校对：王淑卿

出版发行：经济管理出版社
　　　　　（北京市海淀区北蜂窝 8 号中雅大厦 A 座 11 层　100038）
网　　址：www. E-mp. com. cn
电　　话：(010) 51915602
印　　刷：北京玺诚印务有限公司
经　　销：新华书店
开　　本：720mm×1000mm/16
印　　张：9
字　　数：200 千字
版　　次：2020 年 12 月第 1 版　　2020 年 12 月第 1 次印刷
书　　号：ISBN 978-7-5096-7629-5
定　　价：58.00 元

目　录

第一章 绪 论

一、选题背景及意义

党的十九大报告中指出，按照兜底线、织密网、建机制的要求，全面建成覆盖全民、城乡统筹、权责清晰、保障适度、可持续的多层次社会保障体系。

现代社会保障制度，最先由德国提出并施行，是工业化和城市化的产物，经历了 100 多年的发展，目前全球有超过 160 个国家建立了社会保障制度，然而只有 70 多个国家的社会保障制度可以覆盖到农村人口。在多数发展中国家，城市人口的比例远低于农村人口，同时存在二元经济制度结构的制约，社会保障难以实现全覆盖，对于社会保障制度本身而言，这也成为一个明显的制度性缺陷。同时，城乡居民收入水平差距悬殊，城乡差异大，很容易产生社会冲突，加深社会矛盾，产生更多的社会矛盾。农村社会保障制度的缺失存在很大的潜在风险，一旦出现经济波动或其他社会震荡，可能引发恶性的社会风险事件，给社会稳定和经济发展带来潜在威胁。因此社会保障制度是现代社会调节社会矛盾不可或缺的一种社会经济制度，在社会安定和经济发展方面发挥着极其重要的作用。

在我国，城乡社会保障制度存在二元结构，但是城乡统筹一体化，将碎片化的制度逐渐整合一直是政府及学界努力的方向。2007 年农村低保制度建立，2014 年全国城乡养老保险制度建立，2016 年统一的城乡医疗保险制度建立。新疆维吾尔自治区（以下简称"新疆"）地处我国西部，远离海洋，交通运输区位劣势明显，经济发展受限，2017 年新疆人均 GDP 为 45099 元，居全国 21 位。2016 年新疆农民占新疆总人口的 51.65%，其中南疆农民占比为 65.69%。社会保障对于人民群众的最低生活保障以及养老、医疗等保障起到了兜底作用，为新疆的社会稳定和长治久安总目标的实现做出了贡献。新疆的社会保障工作不仅是解决当前社会问题的重要制度措施,还是我国国家治理现代化中边疆治理的重要措施。

根据 2010 年的六普数据,新疆 60 岁以上老年人占全区总人口的 10%,且以每年 4.36% 的速度增长,高于全国 3.2% 的速度。新疆的老龄化呈现递增式发展。同时,新疆农村的老年人口占比较高,为 75%,且农村老年人口中少数民族居多。衡量一个国家人民健康水平有三大指标:人均预期寿命、婴儿死亡率和孕产妇女死亡率。新疆的医疗保障体系虽然追随全国的脚步逐步建立起来,但是在保障水平、保障效果方面和全国平均水平相比差距较大、水平较低、保障能力较弱。

虽然在新疆的农村,社会保障覆盖面较窄,保障水平也处于较低水平,但多年来紧跟中央的步伐,因地制宜,在社会保障领域已取得了一些可喜的初步成效。如新疆喀什地区麦盖提县坚持合作医疗 50 年不动摇;昌吉州呼图壁县用养老保险证质押贷款,使农村社会养老保障工作持续良好地发展,被专家誉为"呼图壁模式",走在西部地区乃至全国农村社会保障的前线。同时,在中央财政的大力支持下,新疆合作医疗资助水平处于全国平均水平之上,但在"低保"、养老等方面发展仍较为缓慢,划归县域调配,县级以上的资金支持较为缺乏,各项保障水平低于全国平均水平。所以新疆的农村社会保障工作仍然面临着筹资渠道单一和资金投入较不足、管理水平较低、覆盖范围较不足、制度设计可行性有待提高、农民的社会保障意识有待增强且参与意愿有待增强等问题。

新疆地处祖国西北边陲,且为少数民族聚居区,具有特殊的地理环境和战略地位。研究新疆农村社会保障问题对边疆稳定和我国经济发展具有重要意义。全国在如火如荼地研究农村社会保障制度时,虽涌现出了大量的研究成果,但研究新疆农村社会保障制度仍处于较薄弱状态。所以,希望本课题立足于此,希望通过深入调研近年来新疆农村社会保障的发展情况,为政府制定社会保障政策提供一定依据。同时希望通过对新疆的探索,为其他边疆民族地区农村社会保障工作提供发展的范式。这对于全国农村社会保障体系的建立和不断完善具有重要的理论意义和实践意义。

二、研究依据

（一）理论依据

社会保障制度基本理论的基石是政府与市场理论、公平与效率理论。因为社会保障体系本质上是一种再分配制度，它是国家干预市场初始分配的工具，是一个相信市场效率或相信政府公平的问题。效率和公平是贯穿整个社会发展过程的两难选择。西方资本主义国家的早期发展中强调效率优先观念，在"二战"后，各国主要重视公平优先，自 20 世纪 70 年代以来，大多数经济学家都提倡要兼顾公平和效率。

2016 年 5 月 16 日，习近平总书记在中央财经领导小组第十三次会议讲话中指出，要妥善处理政府、企业和居民之间的分配关系，应适当增加调整再分配，并逐步提升居民收入的比例，减少政府和企业收入的比例。以税收、社会保障和转移支付为主要手段完善再分配调整机制。习总书记在讲话中强调了社会保障的重要性，中国政府要更加重视建立健全城乡统筹发展的社会保障体系。

总结社会保障制度的历史演变，社会保障制度的理论基础是：

（1）历史学派。产生于 19 世纪 70 年代的德国，代表人物施穆勒（G. Schmoller，1838~1917 年）和桑巴特（W. Sombart，1863~1941 年）。他们倡导劳资合作、实施社会保险制度，主张国家应通过立法，实行包括社会保险、孤寡救济、劳资合作以及工厂监督在内的一系列社会措施，并促进一些经济领域实现国有化，自上而下开展经济社会改革。这些主张被俾斯麦政府所接受，从而成为德国率先实施社会保险的理论依据。

（2）旧福利经济学。庇古（Arthur Cecil Pigou，1877~1959 年）《福利经济学》出版于 1920 年，首次建立了福利经济学理论体系，福利经济学开始被视作一门独立的学科。庇古基于货币边际效用递减理论，认为一个人如果收入越多，货币收入所产生的边际效用就越小。庇古还提出了"对富人征税，特别是对富人的消费，然后通过直接和间接的转移支付将这部分收入转移给穷人"的想法。其中直接转移支付一般是指政府为穷人提供免费教育、失业保险、社会救济、医疗保险等；间接转移支付指通过政府补贴，以减少穷人的基本必需品和住房花费等。

（3）贝弗里奇报告的相关理论。贝弗里奇（William Beveridge，1879～1963年）于1942年发表了《贝弗里奇报告》，是一个关于全方位福利问题的报告。他指出，社会保障计划根据三个假定进行：通过利用社会保险、国民救助和自愿保险三个层次的手段来保障人们的不同保障需求。① 在"福利国家"计划中，贝弗里奇主张为养老、疾病、失业、残疾、生育、死亡和寡妇七个项目提供社会保险。

（4）平等与效率协调的观点。在1975年，奥肯（Athur M. Okun，1928～1980年）出版了《平等与效率：重大的抉择》，其中关于社会福利方面的论述对福利经济学的发展产生了重要影响。他指出："如果平等和效率双方都有价值，而其中一方对另一方没有绝对的优势，那么应该在冲突方面达成妥协。"有效地指导了20世纪后期社会福利政策的发展。

（5）福利国家经济学理论。尼古拉斯·巴尔（Nicholas Barr）是福利国家经济学的创始人，他的代表作是《福利国家经济学》，试图将福利国家的有关问题予以整合。他提出，福利国家社会保障的改善对贫困率的下降，以及人力资本的增加发挥着重要作用。这些理论不仅适用于所有的工业化国家，而且还适用于许多转型国家和中等收入水平的发展中国家。他通过实证分析，论证福利国家施行的某些制度还是非常有效的，这些制度有助于推动经济效率和社会正义同时实现的社会的形成。

（二）政策依据

在国家有关政策和发展战略的指导下，社会保障制度得以建立与完善，并实施推广。2017年党的十九大明确提出要"按照兜底线、织密网、建机制的要求，全面建成覆盖全民、城乡统筹、权责清晰、保障适度、可持续的多层次社会保障体系"。进一步确立了社会保障在国家社会发展中所处的地位，也是国家保障和改善民生的核心制度。在养老、医疗和最低生活保障方面进一步指出应完善城镇职工基本养老保险和城乡居民基本养老保险制度，尽快实现养老保险

---

① William Beveridge. Social Insurance and Allied Services-Report by Sir William Beveridge ［M］. London：HMSO, Reprinted, 1995：89.

的全国统筹，协调城乡社会救助体系，完善最低生活保障制度。

2018 年 3 月，人力资源和社会保障部会同财政部制定并发布了《关于建立城乡居民基本养老保险待遇确定和基础养老金正常调整机制的指导意见》（以下简称《指导意见》）。这是贯彻落实党的十九大精神的重大举措，对进一步完善城乡居民基本养老保险制度具有重要意义。推动着城乡居民基本养老保险开始新的发展历程，跨入全面发展的新时代。《指导意见》提出实施城乡居民养老保险制度要落实五项任务：一是完善待遇确定机制；二是建立养老金正常调整机制；三是建立个人缴费档次标准调整机制；四是建立缴费补贴调整机制；五是实现个人账户基金保值升值。推进城乡居民基本养老保险待遇随经济发展逐步提高，从过去以外延扩张为重点的量化型增长模式转向注重完善内在机制的质量型增长模式，确保参保居民共享经济社会发展成果，不断增强参保居民的获得感、幸福感、安全感。

2016 年 1 月 12 日，国务院发布了《关于整合城乡居民基本医疗保险制度的意见（国发〔2016〕3 号）》，提出合并城镇居民基本医疗保险和新型农村合作医疗（以下简称"新农合"）制度，从而逐步在全国范围内建立起统一的城乡居民医疗保险制度。2017 年 4 月 24 日，人力资源和社会保障部发布了《人力资源社会保障部财政部关于做好 2017 年城镇居民基本医疗保险工作的通知》，继续强调要加快推进合并速度，力求在 2017 年统一城乡居民基本医疗保险。截至 2018 年 2 月，全国 31 个省份出台了整合方案，其中有 23 个省、80%以上地市、11 亿人口、80% 参保人群，纳入到社会保障部门进行统一管理。[①]这为我国实现城乡居民公平享有基本医疗保险权益和促进社会公平正义做出了极大贡献。

（三）法律依据

1948 年，联合国大会通过的《世界人权宣言》第 22 条规定，所有公民，作为社会成员之一，都享有社会保障权。由此，社会保障权作为国际人权被明确提出，通过的有关国际人权的文件就将社会保障权利纳入其中。1997 年，中国作为缔约国在 21 届联合国大会上签署了《社会、经济、文化权利国际公约》，

---

① 详见 https：//www. zgylbx. com/index. php？m＝content&c＝index&a＝show&catid＝10&id＝32605。

这表明中国政府将致力于实现国际人权，包括社会保障权利。① 社会保障权是一种"自然权利"，是人们天生就有，不能被剥夺的权利。社会保障权是人类在社会化生产和市场经济条件下维持生存和人格尊严的基本要求。社会保障权是正义的具体表现，因此它也是一种社会权利。

2018年3月第十三届全国人大第一次会议通过的《中华人民共和国宪法修正案》第四十五条明确规定"中华人民共和国公民在年老、疾病或者丧失劳动能力的情况下，有从国家和社会获得物质帮助的权利。国家发展为公民享受这些权利所需要的社会保险、社会救济和医疗卫生事业"。同时根据现代人的看法，已不再把社会成员享受社会保障当作恩赐，而认为是公民的基本权利。社会保障法律制度的确立是建立和发展市场经济的必然要求，并在法律层面上进一步调节了社会公平，是维护社会发展稳定的安全网。

三、研究意义

首先，本书的重点是新疆城乡居民养老保险制度、城乡居民医疗保险制度、农村"低保"，在实证调查的基础上，结合当地经济发展水平和城乡居民的收支情况，设计出与当地发展需要相契合的社会保障制度，这将为建立和完善新疆少数民族聚居区农村社会保障体系提供一定的决策依据。

其次，本书探讨了新疆农村社会保障制度的发展历程，并在总结发展成果的基础上，对制度的运行进行评估，同时借鉴了国内外农村社会保障制度的理论与实践，提出符合新疆农村社会保障制度的对策建议，希望本书的方法和观点为新疆地区的社会保障建设提供参考，也为其他边疆地区的社会保障建设提供范式。

最后，近年来国家在新疆农村养老保险、医疗保险、农村"低保"等社会保障事业上投入了大量资金，新疆的社会保障事业也取得了一定的成效，但面临的困难也依然存在。本书将理论与实践相联系，分析了新疆农村社会保障制度的现状，并针对其中的问题提出了促进边疆农村社会保障事业的可行性建议和方案。本书补充了国内对新疆农村社会保障研究的不足，具有一定的理论和实践意义。

---

① 薛小建. 社会保障权［M］. 北京：中国法制出版社，2007：120.

第二章　国内外研究综述

一、农村养老保险制度的研究综述

一直以来，社会保障领域存在城乡二元结构，有关农村养老保险制度的相关研究都是社会保障研究领域经久不衰的研究主题。从社会保障诞生之日起，围绕城乡这一空间视域的养老保险制度的探索就从未停止过，其研究的核心目标是通过制度设计来削减城乡二元结构差异对实现社会公平、提升国民幸福指数等方面的负面影响。有关其制度的实现路径，学界一般认可的主要有两条：一条是坚持独立自主原则，依据农村实际情况制定适合农村现实情况的养老保险制度；另一条则是走城市包围农村，将城市制度建设的框架延及至农村地区。基于这一背景，国内国外学者开展了卓有成效的研究探索，时至今日，也已形成较为完备的研究体例和体系。但是无论怎么研究基本都摆脱不了上述路径，这也造就了两者之间的共性。

在研究主题上，远及 19 世纪的德国，近抵备受推崇的新加坡、智利，国外学者在研究领域上主张在城乡一体化这一基本理念下，将农村养老保险置于国民养老保险体系下进行相关研究，以期为各国农村养老保险的建立完善提供经验借鉴。国内研究则更为具象化，我国农村养老保险制度的理论研究和实践探索发端于中华人民共和国成立初期，于 20 世纪 90 年代正式制度化，历经 1992 年的"农村社会养老保险"、2009 年的"新型农村社会养老保险"、2014 年的"城乡居民社会养老保险"三个发展阶段，逐渐向统一的国民养老保险制度发展，在这期间，制度制定者和实施者不断尝试完善，渐次绘就出具有中国特色的农村养老保险体系。新疆作为这其中的一个微型样本，其关于农村养老保险的研究和实践也具有一定的参考价值。

基于此背景，下文将就农村养老保险制度这一主题，从国外、国内两个层面进行相关研究梳理。

（一）国外研究综述

1. 关于社会养老保险制度城乡一体化研究

国外很多研究认为农民与城市职工在福利方面的待遇不应该存在差别，并且他们认为农民也应该纳入国民基本养老保险制度当中。如 Wouter van Ginneken（2003）指出，为全体国民包括农民在内提供一份基本收入是社会保障最基本的作用，只有这样才能满足养老和医疗保障方面的需求。[1] 然而针对农民，许多国家并没有专门建立基本养老保险体系，而是把农民直接纳入全民基本的保障之中，代表者主要有 J. Gruber 和 D. Wise（1999）[2]，Hargreaves J.，Collinson M. A.，K. Kahn，S. J. Clark，S. M. Tollman（2004）[3]。国外的一些学者从公平角度入手，在对社会养老保险制度进行深入研究的基础上，提出农村居民应该与城市居民享有平等福利待遇的主张，国家在基本养老保险制度方面应该更加注重公平。Case A. 和 Deaton（1998）对南非的转移支付制度进行了相关研究，他们指出政府在建立社会养老保障制度以及制度执行的过程中，应该本着公平公正的原则，运用适当的方式，如转移支付的方式来更多地保障老年人的生活权益。D. S. Deng 和 H. Y. Xue（2010）对全国各地的社会保障制度和退休制度进行了研究，并进行了归纳分析，指出在整个社会保障体系中，农民的基本保障是其中一项非常重要的内容，另外在社会养老制度方面要大力推进城镇农村一体化。[4] 国际助老会政策发展与宣传部主任史迪文·基德（2009）也认为，西方发达国家的养老制度，坚持了公平公正的原则，农民和城镇工人可享受同样的社会养老保险，农民和城镇工人只是从事的工作不一样，但二者

---

① Ginneken W. V. Extending Social Security: Policies for Developing Countries [J]. International Labour Review, 2003, 142 (3): 277-294.

② J. Gruber, D. Wise. Social Security and Retirement around the World [M]. Chicago: University of Chicago Press, 1999.

③ Hargreaves J. R., Collinson M. A., Kathleen K., et al. Childhood Mortality among Former Mozambican Refugees and Their Hosts in Rural South Africa [J]. International Journal of Epidemiology, 2004 (6): 1271-1278.

④ D. S. Deng, H. Y. Xue. Calculation and Analysis on the Replacement Rate of New Rural Social Old-age Insurance [J]. Journal of Shanxi Finance & Economics University, 2010 (4): 8-13.

本质都是正规行业的劳动者。[1] Huang Jinying 和 Luo Qianqian（2011）指出社会保障水平应该与社会生产力的发展相适应，中国应该制定统一的社会保障政策确保各相关部门实现规范化工作，同时应该充分利用社会各界力量，如保险方面，商业保险可以为社会保障提供有力的补充。[2]

2. 关于农村社会养老保险模式的研究

纵论国外学界对于农村养老保险方面的研究，基本遵循城镇养老保险制度研究的体例和逻辑，在研究习惯上普遍认同其研究应与本国的政治体制、经济发展以及文化传统紧密联系。正因如此，农村养老保险制度存在较大差异性，反馈到研究领域，就是制度模式的不同划分，并在此基础上展开有针对性的对比研究。具体而言，一般按照农村养老保险资金制度目标、筹集发放、管理运作等标准将国外农村养老保险制度模式归纳为三种模式，这三种模式分别为：①以德国、日本为代表的"社会保险型"养老模式。该类农村养老保险模式的发展演变，其基于学界普遍认同的农村养老保险必须由家庭养老向社会养老过渡这一基本假设和论断（Ge Qingmin，2010）。[3] ②以瑞典、加拿大为代表的"国家福利型"养老模式。该模式的理论渊源来自于早期福利学派，深受福利之父庇古《福利经济学》的影响。该模式主张国家政府在农村养老中应发挥不可推卸的责任和义务，在政策设计原则上奉行公平均等的价值定位，倡导"从摇篮到坟墓"的全方位长时限的保障理念，将消除贫困和促进收入均等化作为政策实施的主要目标，正是基于此，在国家福利型养老保险制度这一模式下，农民与其他国民一样享有全面普惠的养老待遇，享受社会养老保障待遇成为公民的普遍资格和权利（Ping-Da Wang，2011）。[4] ③以新加坡、智利为代表的"储蓄积累型"养老模式。该模式主要强调个体责任，全部保险费用由个体和企业按照一定比例进行缴纳，国家不进行投保资助，不负担保险费，仅给予一定的政策性优惠，只承担最低养老金和基金最低回报率的补贴

① 汪敏. 安徽省和县推行新型农村养老保险制度情况的调查［J］. 理论建设，2010（5）：48-52.

② Huang Jinying，Luo Qianqian. Actuarial Analysis of the Replacement Rate of New Rural Social Endowment Insurance［J］. Journal of Zhongzhou University，2011，46（46）：1267-1281.

③ Ge Qingmin. Study on Population aging and Perfection of Rural Old-age Insurance System［J］. Qilu Journal，2010（1）：108-111.

④ Ping-Da Wang. Reverse Mortgage of Rural Collective Land Use Right：The New Perspective of China's New Rural Old-age Insurance［J］. Hebei Law Science，2011，29（1）：148-155.

（胡豹、王厚俊，2006）。[①]

3. 有关农村养老保险的筹资机制研究

就对世界上有数据可查的 131 个国家城乡社会养老金的资金筹集模式来看，其中至少 129 个国家的城乡养老保障资金来源是全部由政府财政拨款或者由雇主挑大头，承担较大一部分，个人则承担较小的一部分（D. Posel 和 D. Casale，2003）[②]。然而，Mitchell 和 Zeldes（1996）以美国为例指出，假设继续按照现行的社会保障体制进行发展，到 2012 年当前的养老金支付将远大于社会保障基金的当期收入，即入不敷出，如果任由其继续发展下去，政府则会毫无疑问地陷入支付危机。为了解决这个危机，很多学者也纷纷提出了相关的对策建议，如 Campbell 和 Feldstein（2001）、Gruber（1999）、Mitchelletal（1999）等提出了两种方法：第一种方法是实现两种制度的过渡，即由原来的现收现付制过渡到基金制社会保障制度。第二种方法是将社会保障基金作为资本投资到股市，从美国以往的经验来看，投资股市虽然风险较高，但其股权收益比无风险的政府债权收益高得多，平均收益率大概要高 6.5%。Johnson J. K. M. 和 Williamson J. B.（2010）[③] 则通过对博茨瓦纳、毛里求斯、纳米比亚、玻利维亚、尼泊尔、萨摩亚 6 个发展中国家的农村地区社会养老保障体系进行调查研究，经过分析指出，尽管在实行广泛的非分担养老金模式上存在一定的困难，但对于发展中国家而言，却也是能够选择的最具可行性的方案之一。威廉姆森分析了英国、德国、瑞典和美国等多个国家的养老保险制度的发展状况，运用了定量分析、定性分析的方法，结合了相关经验和理论，研究了不同国家的养老保险制度。卡特和希普曼研究了美国现行社会养老保险制度的不足，认为代际分配引发了养老保险制度的缺陷，建立社会保险个人账户制度替换老式的养老社会保险制度是未来养老社会保险制度改革的方向。Johnson 和 Williamson（2006）认为实行广泛的非分担养老金模式虽然也会存在一些不可避免的局限性，但对发展中国家来

① 胡豹，王厚俊. 国外农村社会养老保险制度模式及启示[J]. 仲恺农业技术学院学报，2006（1）：47-52.

② D. Posel, D. Casale. What Has Been Happening to Internal Labour Migration in South Africa, 1993-1999?［J］. South African Journal of Economics，2003，71（3）：455-479.

③ Johnson J. K. M. , Williamson J. B. Do Universal Non-contributory Old-age Pensions Make Sense for Rural Areas in Low-income Countries?［J］. International Social Security Review，2010，59（4）：47-65.

说不失为一个好的选择。[1]

4. 有关农村养老保险的责任主体的研究

就承担农村养老职能的主体而言，国外一些学者认为应该由家庭承担养老责任，还有一些学者认为养老责任应该由社会承担，因为家庭在财力以及精力方面能力有限，相比之下社会在承担养老责任方面能力较强，理所应当地承担养老职责。

Aldo Barba（2005）提出，由于发展中国家的养老保障很大程度上是依靠社会救济，因此政府应该勇于担负起自身职能，为人民提供更多更完善的社会服务，将农村养老保障纳入国家的计划工作内，在财政方面给予农村养老工作足够的支持。[2] Jenkins Michel（2010）认为，在农民养老保障体系的建立过程中，政府的作用非常重要，因为农村养老保障基金的主要来源就是政府财政拨款，它是资金筹集的重要渠道，因此政府财政在整个农村养老保障体系的建立过程中发挥着极其重要的作用，同时在农村社会养老保障体系建设过程中，政府也要充分发挥监管作用，虽然养老保障计划中对政府监管并没有明确要求，但政府应该在限定的合理范围内，采取必要措施确保农村养老保障部门有效运行，避免丧失自主性。[3] F. M. Bertranou（2012）侧重于对农民个人责任的研究，他指出，在养老补贴方面，虽然由国家财政出资给予一定比例，但是农民仍然是养老保险的缴费主体，农民作为最终的受益者，基于权利与义务的对等，农民必须发挥自身的自主性。[4] W. S. Folkman 等（2014）指出，城镇居民养老保险与农村养老保险的实施方法大体上是一致的，因此无论二者是否建立在统一的养老体系中，在必要情况下政府都要不同程度地发放政府补贴。[5]

---

[1]　T. A. Johnson , R. C. Williamson. Multiple Morphological Measurements as Larval Indicators for Saperda Vestita（Coleoptera：Cerambycidae）［J］. Annals of the Entomological Society of America，2006，99（5）：938-944.

[2]　Aldo Barba. Old Age Income Support in the 21st Century：An International Perspective on Pension Systems and Reform ［J］. Contributions to Political Economy，2005，26（1）：114-121.

[3]　Jenkins Michel. Extending Social Security Protection to the Entire Population：Problems and Issues ［J］. International Social Security Review，2010，46（2）：3-20.

[4]　F. M. Bertranou . Pensions and Gender in Latin America：Where Do We Stand in the Southern Cone? ［J］. Gender Issues，2012，23（1）：6-31.

[5]　W. S. Folkman, S. H. Hamilton. Impact of the Social Security Old Age Retirement System on Agriculture and Rural Life in Eastern North Carolina ［J］. General Discussion Papers，2014（2）.

（二）国内研究综述

目前，我国学者对于农村社会养老保险的研究，分为三个阶段，如表2-1所示。

表2-1 国内农村社会养老保险研究阶段

研究阶段	代表人物及主要观点
农村社会养老保险（以下简称"老农保"）阶段	关于"老农保"制度本身研究：李明辉（2018）分析了"老农保"档案管理的特点和存在的问题，最后提出完善"老农保"档案管理工作是提升"居民保"工作的主要基础[①] 关于"老农保"的实施效果：公维才（2009）分析了制约"老农保"制度发展的因素，认为政府缺失政治责任和经济责任是主要原因，其次，农民政治权力的不足也占有相当大的比重，最后，为"新农保"的实施提供了些许建议；[②]许根友（2008）重点分析了江苏省如皋市在实施"老农保"制度的过程中存在的不足，主要是筹资渠道单一、缴费标准低和管理机制不完善[③]
新型农村社会养老保险（以下简称"新农保"）阶段	关于对"新农保"制度本身的研究：姚俊（2018）运用Probit模型验证了缴费补贴差异化是影响新农保保障程度的主要因素[④] 关于"新农保"的参保意愿研究：边芳、张林秀等（2018）利用面板固定效应模型研究了江苏、四川、陕西、河北和吉林5省的农民参保行为变迁及其影响因素，认为年龄限制、家庭抚养和"长缴多得"政策与农民新农保参保率下降有重要关系；[⑤]董丽、陈燕平（2016）基于对广东省新农保参保者的问卷调查，运用logit模型研究发现，风险和家庭资产规模对参保者选择缴费档次有显著影响[⑥] 关于"新农保"的实施效果研究：张芳芳、陈习定、林学宏、周秭宸（2017）等以浙江省为例，探讨了"新农保"政策的实施效果，即农村居民的消费支出是否有所提升，最后研究表明，确有提高，这也有利于我国目前扩大内需的经济要求[⑦]

① 李明辉. 关于老农保档案规范化管理的探讨 [J]. 就业与保障, 2018（Z1）：49-50.

② 公维才. 我国老农保制度的制约因素及新型农保制度的构建 [J]. 管理学刊, 2009, 22（6）：49-51.

③ 许根友. 苏中经济较发达地区农村养老保险的实践与探索——基于江苏省如皋市农村养老保险的经验分析 [J]. 华东理工大学学报（社会科学版）, 2008（2）：19-22, 28.

④ 姚俊. 经济理性、外部激励与新农保缴费档次变动 [J]. 人口与经济, 2018（2）：114-121.

⑤ 边芳, 张林秀, 罗仁福, 赵启然. 农村居民新农保参保行为及其影响因素 [J]. 农业现代化研究, 2018, 39（1）：80-86.

⑥ 董丽, 陈燕平. 风险偏好与新农保缴费档次选择 [J]. 统计与信息论坛, 2016, 31（5）：83-89.

⑦ 张芳芳, 陈习定, 林学宏, 周秭宸. "新农保"对农村居民消费的影响——基于浙江省的调查数据 [J]. 农业经济问题, 2017, 38（8）：17-24, 110.

研究阶段	代表人物及主要观点
城乡居民社会养老保险（以下简称"城乡居保"）阶段	关于对"城乡居保"制度本身的研究：许燕、鞠彦辉（2017）通过构建城乡居民社会养老保险个体替代率精算模型，测算了城乡居民养老金个体替代率；[①]李慧、孙东升（2016）运用灰色模型和RBF神经网络算法研究了"城乡居保"的缴费现状，并设计了一种新的养老保险缴费等级[②] 关于对"城乡居保"保障水平的研究：以王立剑等（2015）[③]、海龙（2016）[④]等为代表主要侧重于评估城乡居保的基础养老金的保障水平；李文军（2017）[⑤]、马桑（2017）[⑥]等侧重于评估城乡居保的个人账户养老金未来保障能力的持续性 关于对"城乡居保"未来模式选择的研究：汤兆云（2018）等通过分析我国城乡居民社会养老保险制度存在着待遇水平低、变动性差等问题，提出应借鉴世界银行五支柱社会养老保障模式，建立健全城乡居民多层次、多支柱社会养老保障模式；[⑦]蒋军成（2017）经过梳理我国养老保障政策变迁和制度演进，提出社会化养老替代传统养老终将是中国养老保障事业的未来发展趋势[⑧]

同时学者们关于新疆农村社会养老保险（"老农保"）、新型农村社会养老保险和城乡居民社会养老保险方面的研究，除了与上述研究综述相似的内容外，大多集中在具体试点工作的实施上。如石玉梅、张敏（2011）[⑨] 以地方政府财政补贴政策的效应为切入点，对试点县财政补贴的相关数据进行分析和测算，得出还需继续明确新疆地方政府的财政补贴责任，为农村社会养老保险政策的实施发挥更好的效果。肖博（2014）[⑩] 通过对社会保障水平衡量指标、社会保障的适度水平、新农保制度现状及存在的问题、养老金给付水平及替代率等方

① 许燕，鞠彦辉．城乡居民社会养老保险个体替代率精算及实证分析［J］．金融理论与实践，2017（10）：95-101．

② 李慧，孙东升．基于优化灰色模型和RBF神经网络的城乡居民社会养老保险等级推荐研究［J］．农业技术经济，2016（4）：41-50．

③ 王立剑，叶小刚．需求导向下城乡居民基础养老金调整方案研究［J］．西安交通大学学报（社会科学版），2015，35（5）：86-92．

④ 海龙．农村基础养老金财政支持的适度性评估及政策优化［J］．现代经济探讨，2016（5）：54-58．

⑤ 李文军．地方政府城乡居民养老保险水平差异性及其优化研究［J］．求实，2017（11）：45-60．

⑥ 马桑．云南省城乡居民基本养老保险制度"保基本"评估研究——基于政策仿真优化视角［J］．云南行政学院学报，2017，19（3）：114-119．

⑦ 汤兆云．城乡居民多支柱社会养老保险模式的构建［J］．社会科学家，2018（1）：80-84，97．

⑧ 蒋军成．农村养老保障的制度演进与发展趋势探析［J］．云南民族大学学报（哲学社会科学版），2017，34（2）：67-77．

⑨ 石玉梅，张敏．新农保制度下地方政府财政补贴政策效应研究——以新疆新农保试点县为例［J］．农业经济问题，2011，32（10）：50-55．

⑩ 肖博．新疆新型农村社会养老保险动态保障水平研究［D］．新疆农业大学硕士学位论文，2014．

面进行综述，得出以往学者大多基于国家宏观政策来研究和测算农村社会养老保险保障水平，而没有将养老金替代率的供给和农民的需求水平相结合。他提出建设社会主义新农村要注重发展农村企业，鼓励农民工回乡办厂；随着国民经济的增长，加大政府对农村社会养老金的补贴；大力发展农村集体经济，持续增加农民收入以及拓宽农村养老基金的筹资渠道，拓展思维，创新养老方式等解决措施。时敏（2013）① 分析了玛纳斯县新农保实施的现状，从而发现存在农民参保积极性不高、新农保服务平台信息滞后、工作缺乏规范性等问题，提出要在制度完善过程中构建社会风险管理框架，构建多元化、多层次的养老格局来弥补新农保存在的不足。刘若盈（2015）② 以新疆新农保试点县之一的伊宁县作为实证研究案例，从个人、家庭、政府、参保意愿等方面的因素变化，分析新农保政策在当地的实施情况，根据影响农牧民参保意愿三个层面因素显著性的分析结果，对伊宁县的新农保政策及其实施提出改进意见和建议。聂春丽（2012）③ 从法律角度来思考新疆农村养老保险制度存在的政府责任缺失、养老保险金监管不规范、新农保制度立法层次低等问题，提出相应解决措施，为新疆新农保的有效实施贡献力量。

通过阅读学者们对新疆农村社会养老保险的研究文献，笔者发现，一方面现有文献大多是从制度或政策试点地区的某一个面来介绍实施现状、存在的主要问题及其解决措施，并没有将各个点面结合起来深究通用的办法；另一方面现有研究多集中在北疆城市的试点工作，南疆地区几乎没有具有深度的文献，这也是本课题研究的目的所在，希望能弥补这部分的学术不足，为完善新疆农村社会养老保险制度发展研究奉献微薄之力。

二、农村社会医疗保险制度方面的研究

（一）国外研究综述

1. 新型农村合作医疗制度

农村医疗保障制度的发展一直是国际社会所普遍关注的对象。国外学者在

---

① 时敏. 玛纳斯县新型农村社会养老保险问题研究 [D]. 石河子大学硕士学位论文，2013.
② 刘若盈. 新疆伊宁县农牧民新农保参保意愿实证研究 [D]. 新疆农业大学硕士学位论文，2015.
③ 聂春丽. 完善新型农村养老保险制度的法律思考 [D]. 新疆财经大学硕士学位论文，2012.

农村医疗保险上有较为深入的研究（见表2-2），其中研究的主要方向有农村医疗保障制度的发展模式、医疗卫生制度的社会属性和实施效果研究以及医疗卫生系统绩效评价等。

表2-2 国外农村医疗保障制度研究

研究领域	代表人物及主要观点
关于农村医疗保障制度发展模式的研究	I. S. Falk 和 Wilbur J. Cohen 认为，建立以工人为基础的统一的保险计划是对农民群体的最好保障，同时要以强大的统筹救助作为补充，来满足社会保险所难以解决的特殊需要。Fion Ferguson 就国外农村医疗保障发展的背景、经济发达国家与发展中国家农村医疗保障程度以及各国农村医疗保障发展水平等几个方面进行了比较性研究。Anil Gumber 等对印度农民所享有的公共卫生保健服务水平和构成农村医疗健康保险体系的要素及其存在的不足之处进行了全方面的研究，其中更是深入分析了极具印度农村特色的非正式健康保险计划[1]
关于农村医疗社会属性的研究	Arrow（1963）提出，普遍存在的偶然性和不确定性决定了农村医疗卫生作为社会民生项目的特殊性。首先，疾病的产生本身就存在着很大的偶然性和不确定性，无法提前进行准确预测。其次，疾病的治疗效果也充斥着不可预测性和不确定性。最后，单方面的信息不对称现象在医生和患者的"交易"的过程中普遍存在。美国教授 Hansmann（1988）提出，医疗服务产品与一般商品的最大区别在于人们对医疗服务的认识和态度。市场失灵所带来的信息的严重不对称，是导致普通居民在生病时对医疗服务供给方及医院或者医生的盈利动机感到恐惧的主要原因[2]
关于医疗保障公平性的研究	Wagstaff（2005）等认为可以这样理解医疗服务保障的公平性：一个国家或地区中，社会成员无论人种、无论男女、无论老幼病残、无论穷富、无论阶级，只要他们存在医疗救助的需求，都能够平等地享受和利用这个国家和地区所提供的相当水平的卫生服务和社会福利保障。英国学者 Mossialos（2003）指出卫生资源能够因为国家政府部门或者非政府组织以及社会福利基金组织来提供医疗卫生保障而得到统一且协调的配置。根据西方经济学的理论，倘若国家能够统一配置这些医疗服务资源，在公共筹资中，实现筹资公平的最优筹资方式将是政府税收
关于医疗系统内容的评价研究	Donabedian（1981）在对医疗卫生服务进行评价的研究工作中提出了经典的 SPO 评价理论，并在此基础上建立了一套评价体系，主要通过对卫生服务结构设计、卫生服务实施过程以及卫生服务实施效果等三方面的评估来全面、有效且可操作地对卫生服务进行评价研究。[3]世界卫生组织（2005）在评估世界医疗卫生服务项目的过程

① 丁少群. 我国新型农村合作医疗制度及其可持续发展研究［D］. 西南财经大学博士学位论文，2006.
② 何耀明. 宁安市新型农村合作医疗问题研究［D］. 吉林大学硕士学位论文，2016.
③ Donabedian A. Explorations in Quality Assessment and Monitori：The Definition of Quality and Approaches to Its Assessment［J］. Medical Care, 1981, 19（10）：1066-1067.

研究领域	代表人物及主要观点
关于医疗系统内容的评价研究	中提出，医疗卫生系统内容评价应该做到全面，具体评价内容应包含需求、过程、成本、满意度、结果、经济学等多方面。并且从医患双方补偿情况和基金筹资情况这两个角度来分析居民对医疗系统的内容及体系的评价时，应重点注意考察参保群体和未参保群体之间是否存在医疗服务差异

2. 城乡居民基本医疗保障制度

国外城乡居民基本医疗保障制度研究如表2-3所示。

表2-3　国外城乡居民基本医疗保障制度研究

研究领域	代表人物及观点
全民医保制度的整合研究	韩国的民主化浪潮中，农民自行发起了医疗保险改正的运动，使政府在1986年9月宣布将在当年实现全民医保。1998年10月，个体劳动者医疗基金合并成全国医疗保险基金，2000年企业职工医疗保险基金和全国医疗保险基金合并成全国健康保险基金，到2003年，韩国所有的基金最终合并在一起，实行一个医疗保险基金，统一管理。1989~2007年，韩国公共医疗保险的参保人数稳步增长，覆盖率从90.39%上升到98.69%[1]。法国在1901年时只有某些私人组织为特殊群体提供健康保险。到1930年通过立法，为低收入家庭、老年人等提供医疗卫生保险。法国的福利保障体系于1945年重组，其规模已覆盖了全部人口。法国的医疗保险体系是按职业群体划分的。它的通过不仅是分散化的，而且是按职业或阶层建立的社会保险体系为全体国民提供疾病保险、养老保险和其他的保险。这些保险计划分别由不同的政府部门负责监管
医疗保险筹资机制研究	德国强制性的社会医疗保险筹资机制拥有专业化的保险基金会，筹资水平高，社会共济功能强。其筹资主体是专业化的保险基金会，细分为针对社区居民、大型企业职工、特定行业工人、一般白领及其他五类基层基金组织，按照法律规定，雇主和雇员按比例缴费，存入公共账户中，具有较强的社会共济性[2]。新加坡实行"强制储蓄基金型"的医疗保障制度，具体有保健储蓄、健保双全和保健基金这三大计划，并且要求只要在境内，无论每个雇员是否是本国公民，公积金计划都是必须参加的。新加坡社会医疗保障已完全实现规范化、法制化，具有较强的公平性、自救性以及保障性，

① 夏迎秋，景鑫亮，段沁江．我国城乡居民基本医疗保险制度衔接的现状、问题与建议 [J]．中国卫生政策研究，2010，3（1）：43-48．
② 陈翔，王小丽．德国社会医疗保险筹资、支付机制及其启示 [J]．卫生经济研究，2009（12）：20-22．

研究领域	代表人物及观点
医疗保险 筹资机制 研究	被誉为"公私兼顾和公平有效"的医疗保障制度①。日本实行的是"强制社会保险型"的全民医疗保障制度。其中，国民健康保险基金的主要来源有三：被保险人所交纳的保险费、由国家和地方政府所提供的财政补助、保险费在资本市场上所得到的投资收益。另外，由政府、农协健康保险组合以及农民个人三方来负担农民健康保险所需的经费②
全民医疗 保险效果 评价体系 研究	美国医疗管理之父 Avedis Donabedian 强调政策的效率，他通过结构评价、过程评价和结果评价三个维度来建构居民对医疗保障的评价体系。在对医疗保险的评估工作中，他把原本的制度结果以及后来制度的实施情况和制度实施的效果等联系起来，把管理学的知识实际运用到评估工作中，也是对 SPO 评价理论的实际运用③。英国的医疗保障属于全民医疗保障制度，与我国的城乡居民医疗保险意义类似，英国对医疗保险效果评价体系分为两层指标，其中一级指标包括健康改进、公平可及性、适宜卫生服务的有效提供、效率、患者感受以及卫生服务的健康结果。一级指标下再细分为若干个二级指标。在医保评估指标体系中，英国主要以提供医疗服务为基础，致力于考察医疗卫生服务和资源在多大程度上能够满足国民的需求和国民获得这种医疗服务和资源的可及性以及国民对服务的满意度④。巴西的医疗保障与英国的医疗保障类似，评估的指标体系分为医疗卫生资源、中间结果和最终结果。对医疗保险评估的框架较为清晰和简单，从医疗卫生资源的配置到制度的推行和效率，再到制度推行的最终结果，对医疗资源的分布，公平性、可及性关注较多

（二）国内研究综述

1. 新型农村合作医疗制度

新型农村合作医疗制度是一项旨在促进社会公平、协调统一的社会制度。我国对于新农合制度的研究主要是在对各地新农合制度的实际运行情况进行深入调查的基础上，借鉴国外一些国家的先进经验做法对我国医疗卫生评价方法进行分析，主要包括制度运行状况、运行效果、农民满意度、评价体系和评价方法、资金筹措、政府在其中的作用和其他微观机制方面的研究（见表2-4）。

---

①　邓燕云. 日本、新加坡医疗保障实践对我国的启示［J］. 经济体制改革，2009（4）：156-158.

②　夏北海. 日本的医疗保健体系和医疗保险制度简介［J］. 中国农村卫生事业管理，2004（6）：60-62.

③④　杨磊，雷咸胜. 国内外医疗保险评估指标体系研究综述［J］. 社会保障研究，2016（3）：98-104.

表 2-4　国内新型农村合作医疗制度研究

研究领域	代表人物及主要观点
关于新农合运行主体的研究	张晓杰（2009）认为，新农合运行过程中存在三大主体即：政府、医疗卫生机构以及参合群体，三者紧密相连，并指出确保新农合制度实现良性发展且能够稳定运行的关键是如何平衡这三大主体之间的相互利益关系[1]。杨艳（2009）利用博弈论研究新农合运行中政府、农民和医疗机构三大主体之间的相互利益，提出在新农合体系中，确实存在多方利益的循环博弈，研究出通过多方利益之间的博弈实现共赢的结果，三者间的合作程度对新农合的运行效果起着直接的决定作用[2]
关于新农合运行效果相关评价的分析研究	徐雅丽等（2011）对广东省新农合运行状况进行实地考察调研，并根据当地实际情况建立了新农合运行效果的评价体系。在分析过程中，作者选取了其中五个比较具有代表性的地区的数据，运用 VaR 方法，科学分析新农合体系在当地实施的实际效果。在构建评价体系的过程中，提出了四个基本假设，通过建立数学模型，对广东省推行新农合制度的状况，尤其对在缓解因病致贫方面的实际效果进行实证分析[3]。赵丽凤（2013）运用 Ordered Logit 模型对新农合实施状况进行分析，根据参合农民对新农合体系的了解程度和体验，结合参合率、农民对新农合政策的了解途径、农民受益程度以及政策满意度四个角度，运用回归分析法来对新农合制度的实际运行效果进行分析，并对运行过程中存在的突出问题提出了相应的对策建议，以促进新农合制度的不断完善与发展[4]
关于新农合评价体系和评价方法的研究	王舒娟（2009）构建了新农合指标评价体系，构建过程中选取了 12 项宏观指标和 9 项微观指标，比较和分析辽、黑、苏、鲁、鄂、湘、赣等多个省份的新农合制度实施的运行效果，并与全国的平均水平进行对比，找出各省新农合运行过程中存在的差距和明显的问题，针对差距和问题提出相对的可行性建议。白丽等（2011）在通过对黑龙江省齐齐哈尔市多地新农合运行效果进行考察研究，在其基础上构建了黑龙江省齐齐哈尔市多地新农合运行效果指标评价体系。该评价体系从新农合的参合率、资金筹集渠道与分配使用、医疗服务资源的供给、医疗费用、待遇补贴等方面进行综合评价研究，从而建立起新农合评价模型，通过该模型对各种数据进行统计处理，对齐齐哈尔市新农合推行状况进行客观公正的评价[5]。陈定湾等（2011）运用数学建模的

① 张晓杰. 新型农村合作医疗制度可持续发展的公共政策分析 [J]. 中国卫生事业管理，2009，26（6）：389-391.
② 杨艳. 新型农村合作医疗利益相关主体行为博弈分析 [J]. 经济研究导刊，2009（26）：35-37.
③ 徐雅丽，李亚青，吴联灿. 新型农村合作医疗缓解因病致贫效果指数构建 [J]. 财经科学，2011（10）：108-116.
④ 赵丽凤. 新型农村合作医疗制度的农户满意度调查与检验[D]. 山东大学硕士学位论文，2013.
⑤ 白丽，韩云峰，梁民琳等. 齐齐哈尔市新型农村合作医疗运行指标综合评价 [J]. 中国公共卫生，2011，27（8）：1060-1061.

续表

研究领域	代表人物及主要观点
关于新农合评价体系和评价方法的研究	方法，从不同的资金筹资水平对新农合运行的实际效果进行了分析研究，并据此构建了较为科学的评价指标体系。在陈定湾等所建立的评价指标体系中，设定新农合的运行过程和实施效果为评价主体，在评价过程中对界内权威专家、学者进行咨询，以确保评价标准的正确和可行，采取随机抽样的方法，以浙江省为样本，构建绩效评价的指标体系，针对不同筹资水平下新农合实施绩效的差异进行客观评价①
关于参合农民满意度的研究	赵丽凤（2013）采用分层抽样和问卷调查相结合的方法，对山东省各地区的新农合制度实施状况和参合人员的满意度进行了实地调研，拿到了大量的一手资料，结合所调查的当地农民对本地新农合政策实施的真实体验以及满意度，利用计量手段对实证分析结果进行深入研究②。牛逸群等（2014）对江西省婺源县新农合的实施现状以及参合农民满意度进行了调查分析，从参合率、新农合知识的普及程度、报销流程及状况、报销方式四个方面着手进行了满意度分析，通过对调查资料的整理分析，在了解参合居民对新农合满意度的基础上，针对婺源县新农合制度运行过程中存在的问题提出了相应的改进措施③。汪庆（2015）等学者在新农合制度研究中，主要在提高统筹层次、加快城乡对接和融合的问题上进行讨论分析，针对存在的一些尖锐问题，提出了统筹管理新农合与城镇居民医疗保险、逐步实现全体国民医疗保障体系的全覆盖，缩小医保待遇差距，这样也可以极大地促进社会公平
关于农村居民的新农合参与意愿的研究	毕天云等（2008）从农民参与新农合制度的向度、广度、深度和强度四个方面入手进行了系统的分析，着重强调了全面理解与协调四个维度之间的作用机制在促进农民有序规范参与新农合过程中发挥着重要的实践意义④。孙洪军等（2006）对黑龙江省海伦市新农合的运行现状进行了调研，根据调研结果他们认为，农民对新农合参与度不高的原因是两方面的，一方面是对合作医疗不信任，抱有怀疑心态，另一方面则

① 陈定湾，曾国经，刘盼盼. 不同筹资水平下新型农村合作医疗制度实施绩效的调查与评价 [J]. 中国卫生事业管理，2011，28（3）：215-216，236.
② 赵丽凤. 新型农村合作医疗制度的农户满意度调查与检验 [D]. 山东大学硕士学位论文，2013.
③ 牛逸群，张小勇，陈秋瞳等. 婺源县新农合实施现状及满意度调查与分析 [J]. 中国农村卫生事业管理，2014，34（9）：1055-1057.
④ 毕天云，李国琼. 论新型农村合作医疗制度中农民参与的维度 [J]. 铜仁学院学报，2008（1）：55-59.

续表

研究领域	代表人物及主要观点
关于农村居民的新农合参与意愿的研究	是农民的健康意识不强[①]。顾昕、方黎明（2004）通过对农民参合意愿进行分析，了解到年轻健康者收入水平较高，缴费能力较强，但由于其受益可能性较低，因此参与意愿不强。[②]萧庆伦、张里程等（2004）利用多元回归模型，就不同筹资比例下社会资本对农民参合意愿方面的影响进行了分析，研究认为社会资本是除了经济因素以外影响农民参合意愿最重要的因素之一
关于新型农村合作医疗的其他应用性调查研究	杨江敏（2008）认为，新型农村合作医疗制度应对专药专用做出明确规定，新型农村合作医疗的参保人员的大病或慢性病用药都是专用药，而这些专用药的价格相比普通药品要昂贵得多，这种情况下，农民看病贵的问题并没有得到妥善的解决，相反更加重了农民的经济负担[③]。刘近安等（2008）对参加新型农村合作医疗农民的基本情况如性别、年龄、文化水平、职业、婚姻状况等各项指标进行了调查，通过对比发现农民对新型农村合作医疗制度的满意度很大程度上受各项具体指标的影响。然而在调查统计的基础上却得出一个结论，不同性别人群对新型农村合作医疗满意度的差异并没有什么统计学意义[④]

2. 城乡居民基本医疗保障制度

新医改政策自推出到不断地贯彻落实，解决了很多城乡之间的矛盾，我国的医疗保障水平得到了显著提升，城乡居民的基本医疗保障制度也在不断改进的过程之中，但医保体系的建设不是一蹴而就的，它是一项长期的、具体的系统工程，需各方的协调配合。目前《新疆农村社会保障建设研究》通过我国学者的研究与探索，也收获了众多的研究成果，主要集中在以下几个问题上：城乡基本医疗保障制度整合研究、大病保险筹资机制研究、城乡基本医疗保障效果评价体系研究以及发展创新路径研究（见表2-5）。

---

① 孙洪军，郑立军，徐兴富. 新型农村合作医疗参合率不高的原因及对策分析 [J]. 卫生经济研究，2006（2）：41-42.

② 顾昕，方黎明. 自愿性与强制性之间——中国农村合作医疗的制度嵌入性与可持续发展分析 [J]. 社会学研究，2004（5）：1-18.

③ 杨江敏. 我国农村合作医疗制度存在的问题与对策 [J]. 合作经济与科技，2008（10）：104-105.

④ 刘近安，孙辉，徐凌中等. 新型农村合作医疗满意度及影响因素分析 [J]. 中国公共卫生，2008（2）：175-177.

表 2-5　国内城乡居民基本医疗保障制度研究

研究领域	代表人物及主要观点
城乡居民基本医疗保障制度整合研究	申曙光（2014）关于全民基本医疗保险制度整合方面的理论分析中，提出全民医保目标的实现是一个长期的过程，受各因素的影响，必须进行全面统筹规划，协调各相关机构单位，逐步推进全民医保的实现，遵循发展规律，进行渐进性改革。他认为应先进行信息系统的整理合并，以实现社会保险关系转移接续的顺利进行，突破原有制度的限制，实现城、乡居民基本医疗保险在同一制度下运行，消除城乡医保差距，实现医疗保险制度的公平、普惠。① 于建华在医疗保险制度方面提出了三步走路线：第一步，到 2010 年应实现医疗保障制度的全覆盖，城乡可根据实际发展状况实行有差别的制度；第二步，到 2025 年左右应实现省级统筹，建立体系统一、标准上可存在部分差别的城乡医疗保障制度；第三步，到 21 世纪中叶，实现全国统一、形式多样化的医疗保障制度。② 陈建生等（2009）以成都市城乡基本医疗保障统筹试点为例，对其进行解读分析，从中总结出关于城乡基本医疗保障一体化的成功经验，他认为城乡统筹的发展过程是从制度碎片到制度整合转变的阶段，之后再从制度整合走向制度一体化阶段，但他表示在这一过程中，应严格控制医疗卫生机构中供方的行为，防止哄抬医疗价格、医疗资源过度提供所造成的卫生总费用增长过快。③ 刘君、赵同松（2008）在《医保三项制度如何实现衔接》一文中指出实现医保制度的顺利整合衔接，首先，需要突破人为划分身份的限制，鼓励全民自愿加入到社会医疗保险中来。其次，对城镇居民医疗保险和新农合的参保人员实行统一的财政补贴。最后，进一步完善三项医疗保险制度的配套制度，实现医疗保险制度的开放、互通和兼容④
城乡居民大病保险筹资机制研究	关于大病医改的筹资思路，宋世斌概括总结为："政府多补，单位、个人多缴。"他提出，根据当前情况来说，政府补贴是医保基金的重要资金来源。据广州市医改办过去三年里的医保基金的管理记录来看，广州市各级财政为医保投入了 70 多亿元，其中 2011 年，广州市城镇居民医保亏空近两亿元，最终由政府补漏⑤。陈秋霖（2012）指出，可以通过购买大病保险的方式，提高资金使用效率，不论是用个人账户的资金，还是用医保基金结余，并不会影响原有的基本医疗水平。然而采用设立大病专项基金或直接用部分基本医保基金购买大病补充保险，就和使用医保结余购买存在制度本质上的不同，需要合理权衡医保基金中基本医保和大病医保的比例。在筹资水平不变的情况下，医保基金的总量是固定的，如果将一部分医保基金固定为他用，就会挤

①　申曙光. 全民基本医疗保险制度整合的理论思考与路径构想［J］. 学海，2014（1）：52-58.

②　周国训. 统筹城乡基本医疗保障制度研究文献综述［J］. 聊城大学学报（社会科学版），2011（2）：285-287.

③　陈建生，陈家择，余梦秋. 城乡基本医疗保障一体化：目标模式、发展路径与政策选择——以成都市城乡基本医疗保障统筹试点为例［J］. 理论与改革，2009（6）：74-78.

④　刘君，赵同松. 医保三项制度如何实现衔接［J］. 中国社会保障，2008（5）：76-77.

⑤　于洁. 城乡居民大病保险工作可持续性发展研究文献综述［EB/OL］. http：//d. drcnet. com. cn/e DRCNet. Common. Web/DocDetail. aspx？DocID=3158660&leafid=3101&chnid=2013，2013-03-09.

续表

研究领域	代表人物及主要观点
城乡居民大病保险筹资机制研究	占基本医保原应报销的额度。如果基本医疗报销因此而减少，会引起没有得到大病保险补偿的参保者的强烈不满。因此，设立大病医保需要权衡医保基金中基本医保和大病医保所占的比例①
城乡居民医疗保障制度效果评价体系研究	张邹（2011）以珠海市为例，指出珠海的社会医疗保险制度取得了很多阶段性的成果，为了有效评价该制度实施以来的效果，构建了全民医保实施效果评价体系，通过对实施过程中出现的问题，及时采取的措施，总结出有效经验，帮助全民医保管理者及时监督、检测、指导决策，从而提高医疗资源的效益。根据珠海市所实行的全民医保方案，从医疗保障总体情况、居民基本医疗保险、大病医疗保险以及医疗救助四个方面的实施效果和可持续发展程度，构建评估指标体系②。康亮（2014）以贵州省毕节市为例，采用利益相关者模型来分析城乡居民基本医疗保险政策效果，他以三方利益为落脚点，分别为城乡居民关注点及实现情况、政府关注点及实现情况以及定点医疗机构关注点及实现情况。分析了城乡居民的缴费、医疗负担比率、大病保障能力和服务满意率，政府的资金使用效益、筹资、监管，医疗机构的医疗收入等来得出相应的效果评价③
城乡居民医疗保障制度发展路径研究	夏迎秋等（2010）分析了我国城乡居民基本医疗保险制度衔接的现状、问题与建议。通过对制度运行缺乏法律保障、政府投入不足、卫生资源配置不合理、制度衔接困难、统筹层次低等方面的分析，强调加快城乡医疗保障制度的立法保障、合理引导卫生资源分配、统一经办机构、逐步提高统筹层次等措施④。仇雨临等（2011）对东莞、太仓、成都、西安四个地区通过访谈法和问卷调查方式了解到城乡居民医疗保障制度统筹发展的基本规律就是城乡居民医疗保障制度的统筹发展要与当地的经济和社会发展相适应。因此得出结论：各地政府应根据当地经济社会发展状况，进行城乡医疗保障制度的统筹发展。⑤李华等（2008）认为，我国城乡医疗保险制度存在三对主要矛盾：制度设计广覆盖与居民看病难的矛盾、医疗费用补偿水平低与医疗费用增长过快的矛盾、政府卫生投入不足与有限资源分配不公平的矛盾。因此，其提出应调整和完善现有的医疗保障制度，扩大医保实际覆盖范围，同时政府应增大医疗卫生投入力度，提高医疗费用补偿比例⑥

① 陈秋霖. 大病医保的"落地"需要做好配套 [N]. 21世纪经济报道，2012-09-06（004）.

② 张邹. 全民医保实施效果评价指标体系的构建——以珠海市为例 [J]. 人民论坛，2011（5）：168-169.

③ 康亮. 基于利益相关者模型下城乡居民基本医疗保险政策效果评价 [J]. 中国电子商务，2014（6）：174.

④ 夏迎秋，景鑫亮，段沁江. 我国城乡居民基本医疗保险制度衔接的现状、问题与建议 [J]. 中国卫生政策研究，2010，3（1）：43-48.

⑤ 仇雨临，郝佳. 城乡医疗保障制度统筹发展的路径研究——基于东莞、太仓、成都和西安的实地调研 [J]. 人口与经济，2011（4）：64-69.

⑥ 李华，李佳. 我国城乡医疗保险制度创新的路径选择 [J]. 学术交流. 2008（4）：120-124.

（三）国内外研究述评

医保体系的建设是一个长期发展的过程，内容丰富，受到经济、文化等多方面因素的制约和影响。国内外许多学者都对其进行了研究分析，也获得了大量的研究成果，也有部分地区作为医保制度试点，率先探索统筹城乡医疗保障体系的实践，为我国城乡医疗保障统筹的全面推行提供了许多宝贵经验。通过文献梳理，可以发现，国内对于城乡居民基本医疗保险制度整合方面已经进行了较为详细和全面的探讨，主要集中在制度整合需要分步进行，不可能一蹴而就，逐步打破界限，进而形成公平、普惠的医疗保险制度。国外的全民医保也是逐步进行，韩国、法国都经过医改重组而形成现在的全民医保制度。对于大病医疗保险筹资机制的研究，国内学者指出筹资主体主要是政府、单位和个人，且认为政府补漏是重要的资金来源，另外也要提高资金利用效率。对于国外的医疗保险筹资机制具有更为详细的内容，其中德国强制性社会医疗保险筹资机制拥有专业化的保险基金会，五类基层基金组织；新加坡实行的"强制储蓄基金型"的医疗保障制度，筹资力度更大，也更为公平；日本国民健康保险基金的主要来源是被保险人、国家和地方政府、保险费在资本市场的投资收益。针对城乡居民医疗保险制度效果评价体系的研究，国内学者提出了不同的评价指标，主要有分级评价指标和采用利益相关者模型来分析城乡居民基本医疗保险政策效果，来得出相应的效果评价。英国也实施了分级评价指标体系，美国学者提出 SPO 评价理论，即用结构评价、过程评价和结果评价三个维度来进行评估。最后对于城乡居民基本医疗保险的发展路径，我国学者也进行了积极的探索，提出发展要结合当地经济和社会发展状况，统一经办机构、逐步提高统筹层次等措施，提高实际覆盖率，增加政府卫生投入，提高医疗费用补偿比例。

国内外学者在福利经济理论、社会分层理论、有效需求理论等的基础上对医疗保险制度的发展进行了较全面的探索分析，为本书提供了很多值得借鉴的视角，但是笔者认为一些方面还不够严谨，还缺少一些实证支撑。笔者认为，在城乡居民基本医疗报销制度整合过程中除了考虑当地经济和社会状况之外，还需注重公平性研究。关于城乡居民大病保险工作的可持续性，还有几个方面值得进一步研究：应考虑患者和医生的道德风险对大病医改所造成的影响，来判定医疗费用的使用是否符合大病医保的标准；在分析大病保险的筹资模式可持续性时，需要具体问题具体分析，同时应该探讨大病保险筹资渠道的多样性；对于城乡居民医疗保险制度效果的评价指标体系，本书更倾向于建立数字模型，采用更为科学的评价体系。

三、农村最低生活保障制度

（一）国外研究综述

以实现救济贫困和促进社会和谐发展为目的，维护公民的生存权和生活的尊严为宗旨，国外的社会救助被放在了社会政策和社会福利同等重要的位置。其中，国外的"低保"制度更是社会救助体系中不可或缺的部分。也是基于这样的重视程度，国外的社会救助成为了很重要的社会政策和制度。

国外的"低保"制度一般是社会救助或者社会福利的重要项目，是一项与收入关联并经过国家级调查才获得的生活救助制度。在救助水平上，由于对社会救助制度功能上的定位不同，支出水平存在较大的差异。这种制度的支出水平一般比较高。Casamatta、Cremer 和 Pestieau 根据社会保障所具有的收入再分配功能建立了一个可刻画不同个体劳动生产率差异的迭代模型，分子中加入了再分配因素，为支出水平的分析确立了框架。研究工具大多借助萨缪尔森（P. Samuelson）在迭代模型（Samuelson）的理论基础上进一步论证分析。在这之后，艾伦（Aaron）在迭代模型中引进了生产和投资，借助于劳动生产率的增长因素修正萨缪尔森的模型。菲尔德斯坦采用定量数学模型探讨的最佳水平，在定量分析上做出了杰出贡献。美国的哈灵顿（Harrington）认为贫困是一种既定的事实，当事实一旦形成就没办法改变，同时贫困也是一种人文文化、一种制度和一种生活方式，贫困自身具有代际传递的规律，会世代相传下去，因此必须防止制度设计不恰当导致的贫困依赖问题。国外对社会保障制度的理论研究历程，可简要概括为三个发展阶段：

第一，国外社会保障理论的产生阶段，是从否定社会救助到主张社会救助。

第二，国外社会保障理论的形成阶段。凯恩斯（John Maynard Keynes）在《就业、利息和货币通论》一书中明确提出如果想要刺激社会群体大众的需求，国家就应该扩大社会福利设施以及直接举办公共工程，这样能够创造足够的社会总需求和就业机会。20世纪70年代，因为西方的发达国家陷入经济危机，社会福利制度下的高额财政补贴显得更是沉重的负担，以哈耶克（F. A. Hayek）、费里德曼（Milton Friedman）、艾哈德（Ludwig Wilhelm Erhard）、布坎南（James Buchanan）为代表的新保守主义提倡社会福利制度应当主张市场化和自我负责，强调市场的基础作用和主导地位。[①]

第三，国外社会保障理论的多样化发展阶段。具体有以下方面：新自由主义学派的社会制度理论，其中包括现代货币主义学派、公共选择学派、社会市场经济学派等；其他学派的社会保障理论包括新制度经济学派、未来学派等社会福利保障理论；阿玛蒂亚·森（Amartya Sen）1998年诺贝尔奖获得者提出的福利经济理论。

国外学者对农村"低保"制度的研究还是比较集中在他们自己的国家，同时因为国外并没有像我国一样严格地区分城市和农村，在他们的社会城乡都是一样的，因此他们国家的农村与我国的农村特点不具有相似性，那么农村"低保"制度的发展也和我国有着很多本质上的不同。在国外学者的理论里面，农村"低保"和整个国民待遇是一个有机的整体，没有独立地将农村"低保"作为特别关注的研究点。这个情况与我国现在农村"低保"鲜明地独立于城市低保制度有着完全不同的特点，也就不具有太多的参考价值。

（二）国内研究综述

农村最低生活保障制度指的是，为了保障收入难以维持基本生活的农村贫困人口而建立的一种新型社会救助制度，承担了保障困难群众生存所需基本条件的责任，是维护农村困难群体基本生存权利的迫切需要，对整个农村社会保障制度起到了"兜底"的作用。由于我国受到城乡"二元"社会保障制度的影响，学界的主要精力一直集中在对中国城市"低保"制度的研究，而对于农村"低保"制度的研究一直处于比较薄弱的状态。但是，从20世纪90年代中期开始，1992年山西省左云县开始农村"低保"试点工作，自2007年7月国务院

① 周连帮. 宜宾县农村最低生活保障制度实施中存在的问题及对策研究［D］. 四川农业大学硕士学位论文，2014.

发布《关于在全国建立农村最低生活保障制度的通知》，我国开始在全国范围内推广并实施农村"低保"制度，随着农村"低保"制度在全国各地的陆续实施，以及我国学界对农村"低保"制度研究的逐步重视，我国农村"低保"制度得到长远的进步，同时在实际发展中也不断地暴露出在制度实施中需要解决的问题。

1. 我国农村"低保"制度实施情况的研究

在中华人民共和国成立的很长一段时间里，计划生育和人口的老龄化问题成为学术界研究的重点，而社会保障这一领域放在了附属地位，就在这种背景下，农村社会保障制度的研究数量寥寥无几，就算是有但范围狭窄，研究的深度也不够。后来，我国学者20多年的研究普遍认为中国社会保障事业的关键还是在于是否能够处理好农村"低保"问题，在不同的历史时期人们关注农村生活保障问题的角度不尽相同。对于农村"低保"制度实施情况的研究大致有以下几个方面：

郑秉文（2009）提出从政策角度来看，我国农村"低保"制度的覆盖面是很充足的，但是导致现在存在实际享受"低保"待遇的群众的覆盖范围比较小的原因还是农村最低生活保障制度在实施中有待做到规范化和制度化。

张祖平（2010）指出医疗、养老、教育、就业等救济内容是和农村"低保"制度独立开来的，不能把混淆的概念都放在"低保"里面解决，农村"低保"制度的作用和实施效果是有限的，但是应该重视"低保"水平也要有一定的高度而不能为强调覆盖范围而把救助水平定太低。

2. 对农村"低保"对象界定的研究

自2007年7月国务院颁布《关于在全国建立农村最低生活保障制度的通知》以来，众多专家学者对"低保"制度的研究从以建立农村"低保"制度的必要性及其可行性为主题的前期阶段，演进为探析农村"低保"制度执行中出现的现实问题、对策的后期阶段。然而在研究的后期阶段，由于实施中"低保"对象认定的困难，此问题成为学术界研究的主题，其中"低保"对象的瞄准机制更是成为学者研究的焦点。

"低保"对象识别机制改进的研究综述。在"低保"对象的界定与识别过程中，根据审查对象的不同可分为财富审查和代理财富审查两种类型。前者是指政策的执行机构对申请"低保"的家庭进行收入相关信息的收集和审查,后者则是指根据与收入和支出相关的指标,例如健康、受教育程度、住房特征、户主特征等,确定申请家庭是否符合政策要求。[①] 在现有的文献中,一些学者提出对与收入直接相关的财富审查进行改进从而提高政策瞄准率,同时也有一些学者主张用相关指标的审查代替传统的收入核查方式,如表2-6所示。

表2-6　"低保"对象识别机制改进的研究综述

学者	观点及改进方法
李艳军	从收入和消费角度选用户主年龄、就业状况、家庭规模、住房状况和家庭耐用品等15个代理指标进行审查、赋分,并计算总分来评定贫困状况
张时飞	参与式贫富排序法
张伟宾	通过参与式的技术形式如打分排序等方式,结合识别贫困人口和指标方案
高翔 李静雅 毕艺苇	构建农村"低保"户身份识别指标体系,进而建立"低保"户判别的人工神经网络分类
凌文浩 梁金刚	收入核定与"4+2"工作法相结合
肖云　李晓甜	收入核定与类别定位相结合,按照"低保"对象的身体状况和劳动能力等因素分为A、B、C三类分别进行计算
李春根 应丽	指标代理结合听证评议,在计算指标分值的基础上对每户申请对象进行民主投票并计分,对总分进行排序认定"低保"对象
江志强	在建立易于操作的收入量化核算机制的基础上,强调量化补差;探索政府购买服务机制,由独立于政府部门的第三方开展收入核定工作
刘晓梅	建立农村"低保"家庭收入核查机制,由四个联动机制、一个平台和一个标准构成
艾广青　刘晓梅　孙健	将家庭收入核算方案分为简单化和复杂化家庭收入核算方案
邓大松 王增文	在现有农村"低保"识别机制的基础上,建议一套识别"低保"群体的指标体系,结合两者各自优势

注:"4+2"工作法是指,所有村级重大事项在村党组织领导下按照"四议""两公开"的程序决策实施;四个联动机制包括申请机制、核查机制、评议机制、审批机制;一个平台指"低保"数字化网络管理平台;一个标准指"低保"家庭收入评估计算标准。

---

① 李艳军. 农村最低生活保障目标瞄准研究——基于代理财富审查(PMT)的方法 [J]. 经济问题,2013(2):80-84.

3. 国内对农村"低保"制度中存在问题的研究

农村"低保"制度存在的问题，大致可以梳理成以下几个方面：

第一，收入难以确定，缺乏明确的"低保"对象界定标准，使"低保"对象产生瞄偏。在理论上明确指出农村"低保"对象要经过村、乡、县一级的确认，但是理论终归是理论，在实际操作过程中出现各种阻力，不能顺利地运作。其一是农民的主要收入来源于农业，农作物又具有季节性，气候和天气的变化都有可能给农民的收入造成很大的影响。其二是农村居民的收入以实际物品的形式居多，不像城市居民有明确的工资明细作为参考。邓大松（2008）指出在实际执行时，收入缺乏有效的审核手段，隐形收入难以货币化，收入的不稳定性增加了正确确定"低保"对象的难度。[①]

第二，农村"低保"资金来源单一、筹措困难，缺乏建立充足的资金保障体系。"低保"的资金主要依靠县、乡、镇，同时加适量的中央和省级财政补贴。这样来源单一的特点从根本上导致"低保"资金得不到保障。

第三，缺乏有效的专门管理机构和基层管理人员，效率较低。基层的相应配套设施基础薄弱，"低保"工作的整个工作流程（申请、确定、执行、发放、动态管理、文件保存、优惠政策）的落实都存在很大的人为主观因素，随意性比较大，很难将"低保"制度客观地实施下去。金淑彬、黄萍（2007）指出，我国"低保"制度在基层缺乏专门的管理机构，很多是由民政部门下属科室进行挂科管理，缺乏专业的管理人员[②]。张雪林、赵婷（2008）认为，我国实行的是五层逐级申报体系，基层在申报过程中占据重要作用。王群（2010）针对性地提出"低保"制度的实施环节中，缺乏专门的组织机构，特别是欠发达地区，"低保"的工作多数是由民政部门牵头，工作相应往下派发，由于经济贫困地区的基层工作经费和工作人员数量很有限，使一些工作人员工作量大，超负荷工作，相应的"低保"工作实施的质量得不到保障，效率较为低下。

第四，"低保"实施动态化管理很难。把农村居民认定为"低保"对象容易，可是想要对其实施退出"低保"就很困难，刘同多、郭建美（2009）指出

---

① 周连帮. 宜宾县农村最低生活保障制度实施中存在的问题及对策研究 [D]. 四川农业大学硕士学位论文，2014.

② 金淑彬，黄萍. 财政金融视角下民族地区生态旅游发展问题 [J]. 成都大学学报（社会科学版），2007（2）：76-78，82.

有的地方出现一保永逸的现象。大多数享受"低保"待遇的都是老弱病残的绝对贫困者，一般保障对象上不会有变动，除了自然死亡的"低保"对象自然减员，很少有"低保"对象流动。[①]

4. 对农村"低保"制度存在问题的解决措施研究

第一，把确定"低保"对象的标准制度化、规范化。"低保"对象的大范围包括三个方面：丧失劳动能力、没有可靠经济来源的老人和未成年人；因为疾病、身体自身残疾、意外灾难而失去经济来源导致生活困难的群众；自身努力从事农业生产，但是效率低下不能满足"低保"需求的贫困人口。庞洁丽、羊纳（2009）提出"低保"的工作人员需要对贫困的农村人口进行全面彻底的调查，做大量细致的研究工作。[②]

第二，拓宽农村"低保"资金的来源渠道，让"低保"资金得到保障，建立科学规范的"低保"资金管理机制。现在的"低保"资金主要来源还是各级地方政府和省级政府及中央的补贴。在这个基础上，可以通过加大力度宣传"低保"制度和鼓励社会资金和实物捐赠的方式，拓宽"低保"金的来源。增加资金筹措渠道。孙小迪（2011）指出对于部分经济欠发达地区的地方政府的财政吃紧，无法做到保障"低保"资金的正常补给的，中央财政和省级财政共同分担，对这些贫困地区的农村"低保"资金进行全额转移支付，部分经济发达的地区则是由地方政府的财政分担。[③]

第三，加大对农村"低保"制度的宣传力度、提高农民对吃"低保"的思想认识。借助广播、电台、板报等传播媒介将农村"低保"的政策以及标准进行广泛宣传。引导农民正确认识"低保"制度，让农民自觉地将有限的"低保"资金让给真正需要帮助的困难户，提高农民自身的思想觉悟。

第四，完善农村"低保"工作管理机制。李微、韩俊江（2011）明确提出界定农村"低保"的对象是农村"低保"工作的关键所在。对于经济欠发达的地区，应该是根据全年人均收入低于当地农村"低保"制度的标准。相对经济较发达的地方，则应将重点放在如何完善"低保"对象动态管理，使"低保"这一惠民政策帮助到真正需要救济的低收入群众。针对有的申请家庭骗保的情

---

① 周连帮. 宜宾县农村最低生活保障制度实施中存在的问题及对策研究［D］. 四川农业大学硕士学位论文，2014.

② 庞洁丽，羊纳. 建立农村最低生活保障制度的若干思考［J］. 陇东学院学报，2009，20（4）：129-131.

③ 孙小迪. 新世纪农村贫困人口"低保"面临的问题及对策［J］. 才智，2011（5）：273.

况，地方政府不仅要加强宣传和引导使其提高思想觉悟，而且应该把工作落到实处。首先要对申请的家庭同财政、工商、社保等部门的信息进行核对，让工作员工对"低保"实施更具责任感，提高工作效率。

第五，扎实开展定期复核，强化农村动态监管。如可以通过构建网络化管理模式、完善村民家庭经济状况调查机制、采取灵活方式不定期检查、集中开展专项检查。

第六，建立党员干部联系困难家庭——农村"低保"家庭社会救助新模式。由党员干部一对一帮扶困难家庭，对农村"低保"家庭进行私人救助，保证农村"低保"资金社会捐赠来源的持续性。

（三）国内外研究述评

西方社会保障理论具有比较明显的阶级性和局限性，但是西方社会保障理论值得我们借鉴的是其在经济市场化发展要求的基础上产生、发展和完善的强大适应力，所以是较为健全的、积极合理的和可实行性的。国内的学术研究为农村"低保"制度的进一步发展奠定了坚实的理论基础，但是也存在一些忽视的方面。

1. 国内对农村"低保"制度研究的不足点

从研究视角来看，对我国不同区域、不一样的经济发展情况的实际差异都没有应有的重视，多数的研究都把重点放在静态的特征分析，比较少有追溯性的研究成果。

从研究内容来看，现有研究侧重于农村"低保"实践的系统与要素分析，追随数字化的科学管理，较少研究关注"低保"制度的实施场景，缺乏针对农村"低保"实践的主体——农民、乡村组织与国家相互配合与互动的深入剖析。农民在涉及农村"低保"制度等社会焦点问题时候，很少有机会发表自己的看法，自身意识薄弱。农村"低保"制度的建设与推动主要还是依靠国家和地方政府，群众的监督力度较小，"低保"制度在实施的过程中容易出现保障力度不够、资金被挪用的现象。

2. 国内对农村"低保"制度进一步研究的重点

针对两个常常被忽视的方面，可以在农村"低保"制度的研究内容、研究方法和研究视角上做出弥补。

第一，以我国整体的区域为出发点，关注不同的地理区域，考虑到东部和中西部经济发展的不平衡，用发展的理念指导认识农村"低保"的差异性。

第二，进一步加强实证研究，用更客观的数据来支撑观点，对数据说明的研究成果在一定的范围内逐步推广。

第三，要把宏观和微观不同的视角结合起来。

第四，农民特别是需要救助的农民是怎么想的，农民需要的到底是什么，这些不仅需要理论上的推理，更多的是应该听农民的声音。

综上所述，国内外对新型农村养老保险制度、新型农村合作医疗制度和农村最低生活保障制度已做了大量的研究。但经过文献梳理发现很多现有研究的不足，如对于我国新农保的选择模式还在争议中，日后还需要因地制宜地设计出更全面、更完善、更灵活的新型农村社会养老保险制度模式；对于新农合的研究，在研究方法上目前学术界多从"社会保障"视角研究而很少考虑"政策执行"角度，同时从研究区域性来看，对其他省份的研究多于对新疆的研究，对新疆的研究主要集中在对农牧区的研究；关于农村最低生活保障制度研究方面，目前对其的研究多数都重点放在静态的特征分析，而比较少有追溯性的研究成果并且很少考虑到农民在这一制度中的"作用力"的问题。基于现有研究的不足与国家现阶段在脱贫攻坚中解决民生问题的迫切需要，本书在总结已有的研究成果的基础上，围绕基本服务均等化体系，通过文献研究法、问卷调查法、个案分析法、数据分析法，运用社会保障理论、帕累托效率理论、信息不对称理论、准公共产品理论，对新疆非农牧区的新型农村养老保险制度、新型农村合作医疗制度和农村最低生活保障制度的实施现状展开研究，力求在制度研究的内容、方法和视角上做出弥补，希望能为新疆农村这三项制度的实施提供一些可行性的建议，以促进新疆在新时代进一步发展。

第三章 新疆维吾尔自治区农村社会保障建设理论分析框架

一、新疆维吾尔自治区建立健全农村社会保障制度的意义

（一）提高农民收入，促进社会稳定

新疆农村社会保障制度的建立和不断完善，使低收入农民直接受惠，抗风险能力不断提升。对满足低收入农民基本生活需求，缩小收入差距，加强边疆地区的长治久安、社会稳定等方面具有重要意义。近年来在党中央的关怀和财政资金的大量投入下，新疆农村社会保障事业也取得了一些显著成效，为边疆稳定和经济发展做出了卓越贡献。如表3-1和图3-1所示，经过20年的实践探索，全国农民人均纯收入与新疆农民人均纯收入的差距逐渐缩小。如1997年全国农民人均纯收入为1578元，新疆农民人均纯收入为1136元，全国农民人均纯收入是新疆的1.39倍。2017年全国农民人均纯收入为13000元，新疆农民人均纯收入为11045元，全国农民人均纯收入是新疆的1.18倍。同时新疆农民人均收入在全国的位次也有所提升，2017年已提升至第24位。此外通过数据整理，2008年新疆总人口2130.81万人，其中城镇人口844.65万人，乡村人口1286.16万人。2017年新疆总人口2181.58万人，其中城镇人口962万人，乡村人口1219.58万人。2008年至2017年，新疆城镇人口占比明显提升，农村人口的数量下降。

2008年新疆农村"低保"标准是每人每年660元，农村"低保"人数为

130 万人。2017 年新疆农村"低保"标准为每人每年 3561 元,农村"低保"人数为 210 万人。新疆"低保"标准增幅明显,且"低保"人数也呈现递增状态,扩大了受益群众覆盖面,取得了良好的成效。

表 3-1　新疆与全国农民人均纯收入变化情况

年份	新疆农民人均纯收入（元）	全国农民人均纯收入（元）	全国农民人均纯收入是新疆的倍数	新疆农民人均收入在全国的位次
1997	1136	1578	1.39	25
1998	1600	2162	1.35	25
1999	1473	2210	1.50	25
2000	1618	2253	1.39	25
2001	1710	2366	1.38	25
2002	1863	2476	1.33	25
2003	2106	2622	1.25	23
2004	2245	2936	1.31	25
2005	2482	3255	1.31	25
2006	2737	3587	1.31	25
2007	3150	4140	1.31	25
2008	3503	4761	1.36	25
2009	3883	5153	1.33	25
2010	4643	5919	1.27	25
2011	5442	6977	1.28	24
2012	6394	7917	1.24	24
2013	7297	8896	1.22	24
2014	8113	10489	1.29	24
2015	8765	11422	1.30	24
2016	10183	12363	1.21	24
2017	11045	13000	1.18	24

资料来源:1997～2017 年《中国民政统计年鉴》。

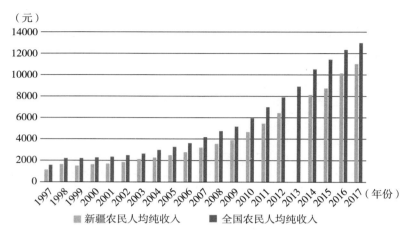

图 3-1　新疆农民纯收入与全国农民纯收入比较

资料来源：1997~2017 年《中国民政统计年鉴》。

（二）可以缓解人口老龄化带来的冲击、提高农村老年农民的生活水平

国际公认的"老龄化"标准是 60 岁以上人口占总人口 10%以上或 65 岁以上人口占总人口 7%以上。新疆是中国典型的边境地区，相比全国平均经济发展水平存在较大差距。2005 年之前新疆农村人口老龄化呈现先上升后下降趋势，2005~2007 年，新疆农村老年人口激增，农村老年人口年均增长率为 14%，比自然增长率高出 3%以上。截至 2015 年底，新疆 60 岁以上老年人口为 258.7 万人，占总人口的 11.15%，新疆农村正式进入老龄社会。[①] 目前新疆农村老年人口主要分布在喀什地区、阿克苏地区、和田地区及阿勒泰地区。2017 年新疆地区总人口数量达到 2181.58 万。其中北疆地区占全区总人口的 52.06%，南疆地区占全区总人口的 47.94%。北疆城市人口占全新疆城市总人口的 63.9%，农村老年人口所占比重不大。南疆城市人口占全新疆城市总人口的 26.1%，农村老年人口所占比重较大。新疆农村人口老龄化的分布形成了南多北少的格局。

随着老年人比例的增加，农村老龄化趋势严重，老年人对社会养老金、社会照顾和社区服务的需求越来越高。在新疆人口老龄化中，农村老龄化和农村

---

① http：//news. sina. com. cn/o/2016-12-24/doc-ifxyxvcr7460075. shtml.

少数民族的老龄化趋势更为明显。通过建立养老保险制度有利于解决老人们的基本生活保障问题，有利于社会稳定、促进经济发展。通过建立和完善新型农村养老保障制度，可帮助老年人实现老有所养、老有所依、老有所乐、老有所安，让他们度过一个无忧的晚年。

（三）改善农民的医疗条件，提高身体素质，增加其人力资本

按照世界卫生组织的标准，衡量一个国家人民的健康水平有三大指标：人均预期寿命、婴儿死亡率和孕产妇死亡率。通过以下一组数据的对比（见表3-2），2008年新疆人均预期寿命70.13岁，全国平均人均预期寿命71.73岁，新疆低于全国平均水平1.6岁；关于婴儿死亡率，新疆高于全国平均水平7.7‰；关于孕产妇死亡率新疆高于全国平均水平27.8‰/10万。2017年新疆人均预期寿命72.25岁，全国平均人均预期寿命76.70岁，新疆低于全国平均水平4.35岁；关于婴儿死亡率，新疆高于全国平均水平12.62‰；关于孕产妇死亡率，新疆高于全国平均水平13.5‰/10万。可见在新疆新型农村合作医疗制度探索实施之初，新疆人民健康水平并不乐观。目前随着社会保障事业的不断完善和发展，在降低孕产妇死亡率方面有了明显改善，但在人均寿命和婴儿死亡率方面还应继续做出努力。尤其新疆的农村地区由于长期以来医疗条件差，人民生活水平低，看病难、看病贵等问题依然存在，在社会保障事业的发展和推进过程中，还应更加重视农牧民的身体健康状况，人力资本的提升对新疆农村地区社会稳定和经济发展起着重大作用。

表3-2 新疆与全国人民健康水平对比表

年份	2008		2017	
地区	新疆	全国	新疆	全国
人均预期寿命（岁）	72.00	71.73	72.25	76.70
婴儿死亡率（‰）	29.76	14.90	14.96	6.80
孕产妇死亡率（‰/10万）	63.52	34.20	31.74	19.60

资料来源：国家统计局官方网站、国务院白皮书《新疆的健康与发展》、2009年《中国卫生统计年鉴》、2018年《中国卫生与计划生育统计年鉴》。

城乡居民医疗保险制度为中国农村提供了最基本的卫生保障制度，也是中国农村居民最基本的社会保护制度与福利形式。新疆城乡居民医疗保险制度的实施和不断完善，可以在一定程度上缓解新疆农牧民的看病难、看病贵问题，

减轻患病农民家庭的经济负担，为农牧民的身体健康状况提供了强有力的保障，有利于促进新疆农村地区经济发展，维护社会稳定。

（四）进一步缩小城乡差距、区域差距，对振兴乡村、建设美丽乡村具有重要意义

近年来，新疆城乡居民的收入日益扩大。根据表3-3，1997~2017年，农民人均纯收入和城镇居民人均可支配收入的绝对差距从4.14下降至2.79，农民收入占城镇居民收入的比率从24.16%上升至35.89%，但相对差距从3566元上升至19730元。根据图3-2，城乡居民的收入水平虽然都在逐年上升，但农村居民收入水平的增幅明显小于城镇居民收入水平的增幅。而且从2017年的数据来看，2017年农民人均纯收入为11045元，城镇居民人均可支配收入为30775元，农民收入占城镇居民收入的比率仅为35.89%，说明城乡发展不平衡依然存在，城乡居民的收入水平还存在极大的差距。此外从区域上看，经济发达的北疆地区农民收入远高于南疆地区农民收入。北疆因交通便利、经济发达，农民可以有更多的就业机会，而且还可通过自身生活环境优势进行自主创业，如开办农家乐等。然而南疆农村的收入来源主要是农牧产品收入，还处于靠天吃饭的处境。

"不患贫，而患不均"是中华民族的优良传统。社会公平是人类社会稳定发展的客观要求，没有一定的社会公平，就没有社会稳定，没有社会稳定，就没有经济发展和社会进步。[1] 因此新疆农村社会保障制度的建立和健全，能更加合理地调配资源，有利于缩小新疆的城乡发展差距，并间接增加农民收入，帮助农民解决养老、医疗和脱贫等问题，有利于扩大农村社会保障覆盖面，为振兴农村、建设美丽乡村提供有力保障。

表3-3　新疆城乡居民收入差距情况

年份	农民人均纯收入（元）	城镇居民人均可支配收入（元）	绝对差距	相对差距（元）	农民收入占城镇居民收入比率（%）
1997	1136	4702	4.14	3566	24.16

---

① 邓徽.中国转型期农村社会保障问题研究［M］.长沙：湖南人民出版社，2006：23.

续表

年份	农民人均 纯收入（元）	城镇居民 人均可支配 收入（元）	绝对 差距	相对 差距 （元）	农民收入占城 镇居民收入 比率（%）
1998	1600	5001	3.14	3401	31.99
1999	1473	5320	3.61	3847	27.69
2000	1618	5645	3.49	4027	28.66
2001	1710	6215	3.63	4505	27.51
2002	1863	6554	3.52	4691	28.43
2003	2106	7006	3.33	4900	30.06
2004	2245	7503	3.34	5258	29.92
2005	2482	7990	3.22	5508	31.06
2006	2737	8871	3.24	6134	30.85
2007	3150	10313	3.27	7163	30.54
2008	3503	11432	3.26	7929	30.64
2009	3883	12258	3.17	8375	31.68
2010	4643	13644	2.94	9001	34.03
2011	5442	15514	2.85	10072	35.08
2012	6394	17921	2.80	11527	35.68
2013	7297	19874	2.72	12577	36.72
2014	8113	21881	2.70	13768	37.08
2015	8765	24767	2.83	16002	35.39
2016	10183	28463	2.80	18280	35.78
2017	11045	30775	2.79	19730	35.89

资料来源：1997~2017 年《中国统计年鉴》与《新疆统计年鉴》。

（五）可刺激农村消费，扩大农村需求

消费、投资和出口是拉动经济增长的三驾马车，消费需求的持续稳定增长是国民经济快速增长的基础。新疆作为农牧业大区，农村集中了数量最多，潜在力最大的消费群体，广大农村居民的消费需求上不去，消费层次较低，必然导致最终消费率低下，引致社会消费总需求不足，从而影响社会总供给和总需

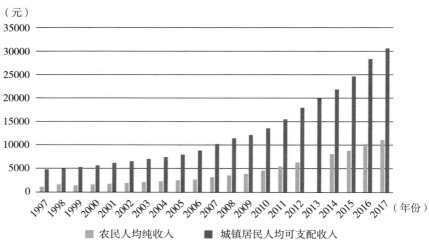

（元）

图 3-2　新疆城乡居民收入差距

资料来源：1997～2017 年《中国统计年鉴》与《新疆统计年鉴》。

求比例。由表 3-4 和图 3-3 可以看出，农村居民的消费水平相较于城镇居民的
消费水平增长速度较慢。以 2017 年为例，2017 年新疆总人口 2181.58 万人，其
中城镇人口 962 万人，城镇人口占总人口的 44.10%。乡村人口 1219.58 万人，
乡村人口占总人口的 55.90%。2017 年新疆总消费 3688 亿元，城镇人口总消费
2752 亿元，占总消费的 74.62%，农村人口总消费 936 亿元，占总消费
的 25.38%。[①]

表 3-4　新疆城乡居民消费差距情况

年　份	农村居民 消费水平（元）	城镇居民 消费水平（元）	绝对 差距	相对 差距 （元）	农民消费 占城镇居民 收入比率（%）
1997	1445	4261	2.95	2816	33.91
1998	1520	4364	2.87	2844	34.83
1999	1358	4841	3.56	3483	28.05
2000	1308	5131	3.92	3823	25.49
2001	1427	5743	4.02	4316	24.85

①　参见新疆维吾尔自治区 2017 年国民经济和社会发展统计公报。

续表

年　份	农村居民 消费水平（元）	城镇居民 消费水平（元）	绝对 差距	相对 差距 （元）	农民消费 占城镇居民 收入比率（%）
2002	1525	6483	4.25	4958	23.52
2003	1603	6427	4.01	4824	24.94
2004	1652	6808	4.12	5156	24.27
2005	1884	7221	3.83	5337	26.09
2006	2000	7728	3.86	5728	25.88
2007	2320	8833	3.81	6513	26.27
2008	2686	9882	3.68	7196	27.18
2009	3029	10366	3.42	7337	29.22
2010	3674	12665	3.45	8991	29.01
2011	4495	14663	3.26	10168	30.66
2012	5410	17442	3.22	12032	31.02
2013	5942	18285	3.08	12343	32.50
2014	6859	19176	2.80	12317	35.77
2015	7694	20532	2.67	12838	37.47
2016	8816	22272	2.53	13456	39.58
2017	8713	22797	2.62	14084	38.22

资料来源：1997~2017年《中国统计年鉴》与《新疆统计年鉴》。

在市场经济条件下，收入是消费的来源和基础，是决定居民消费的最主要原因。农村消费需求不足可归结为教育、医疗、住房、养老制度在农村改革不到位，农村信贷消费政策不完善。农民无法享受住房贷款，农村社会保障覆盖面低下，农村贫困面还较大，因病致贫或因病返贫的比例较高。所以说社会保障机制缺位，合作医疗等制度报销比率不高，一旦遇到大病就可能导致一个家庭陷入困境。同样，农村养老保险参加的人数很低，许多人仍然依靠传统的子女抚养的体系，一旦出现子女不孝顺的情况，就会导致老无所养的现象发生。由于社会保障水平低，使农村居民不得不谨慎花钱，养儿防老逐渐变为存钱养老防病，并成为农户的头等大事，这在一定程度上影响到了农民的消费，农民把更多的现实收入储蓄起来，用于其失去劳动力时的生活消费。这些都加大了农民对未来收支的不确定性预期，抑制了农民的即期消费欲望，农民不得不控制即期消费，增加储蓄，以应对未来随时可能带来的入不敷出风险，继而用于现期消费的规模和水平都在下降，这在很大程度上成为影响农村居民消费需求扩大的重要因素，影响到农村消费市场的发展与繁荣。因此，社会保障的覆盖面应从城市走向农村，对于农村居民的低收入群体应实行最低生活保障制度，让农民享受到国家的社会保障政策，完善农村教育、医疗、养老、"低保"等制度的改革，减少农民的各种担忧，增加其消费需求。①

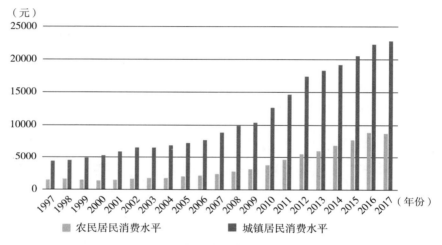

图 3-3 新疆城乡居民消费差距
资料来源：1997~2017 年《中国统计年鉴》与《新疆统计年鉴》。

二、新疆维吾尔自治区农村社会保障制度建设值得注意的几个问题

（一）加强政府对建立农村社会保障的责任，增加其资金投入

《中华人民共和国宪法》第四十五条规定："中华人民共和国公民在年老、

---

① 余晓明，潘玉珍，黄玲娣，阿里木，马蕊．新疆农村居民消费需求问题研究［J］．新疆财经，2008（2）：5-14.

疾病或者丧失劳动能力的情况下，有从国家和社会获得物质帮助的权利。"通过法律赋予了公民的生存权，因此公民的社会保障权利应该得到保障，国家要重视我国社会保障制度的全面协调发展。个人防范风险的意识不足、能力不够，社会保障能为其生活提供最基本的保障，在一定程度上提高公民的生活水平，通过资源的再分配，缩小公民收入差距，实现社会的平稳协调发展。[①] 很多福利国家的社会保障支出在财政总支出中占有很大比重，基本保持在 40% 以上。[②] 新疆政府相关部门应加大政策的宣传普及力度，积极引导他们参与到社会保障体系中来。同时也要大力提高当地的社会经济发展水平，提高农民的收入和当地政府的财政支付能力，从而保证农村社会保障制度的顺利实施，有能力建立广覆盖、低水平、可持续的农村社会保障体系。在社会救助制度中，农村的社会救助占据很大的比重，财政负担较重。在农村养老保险制度当中，个人缴费能力不足的现象时有发生，应充分考虑不同地区不同群体的补助能力和缴费能力。

（二）推动社会保障相关农村公共事业的同步发展

社会保障制度的推行需要各方公共事业的支撑，它的发展需要户籍制度、税收制度、财政制度、卫生制度等公共事业制度的密切配合，在改革中相互推动，稳步进行。2005 年，中国共产党第十六届中央委员会第五次全体会议在农村建设方面提出了"建设社会主义新农村"目标，实现这一目标需要从"生产发展、生活宽裕、乡风文明、村容整洁、管理民主"五个方面入手。在推动农村公共事业发展过程中，应与新农村建设的目标相结合，教育是根基，因此应重视义务教育的发展，进行部分资金、资源的倾斜，加大农村基础设施的建设，修缮公路、能源设施的建设改造以及饮用水的净化设施的建设，改善农村居民的生活居住，提升生活质量。进行规范化的户籍管理，创建良性的帮扶机制，从而更好地为完善农村社会保障制度提供动力。

---

① 世界银行. 防止老龄危机：保护老年人及促进经济增长的政策［M］. 北京：中国财政经济出版社，1995.

② 郑功成. 中国社会保障改革与发展战略：理念、目标与行动方案［M］. 北京：人民出版社，2008：60.

（三） 要实现城乡社会保险制度的顺利衔接

社会保险制度包括养老保险、医疗保险、工伤保险和失业保险，本书主要探讨的是养老保险制度和医疗保险制度城乡合并后的问题。2006 年 10 月，党的十六届六中全会提出到 2020 年，基本建立覆盖城乡居民的社会保障体系。该目标的实现，需要充分考虑农村社会保障制度与城镇社会保障制度之间覆盖对象的划分、筹资和保障待遇的转移衔接，到 2020 年末，城乡居民养老保险、医疗保险制度合并后衔接的效率仍需提升。中国的城乡二元结构状况已经持续多年，随着经济的发展和农村居民文化水平的提高，他们也更希望早日能够享受到与城市居民一样的待遇水平，在制度的设计方面，要充分考虑到农村社会保障的需求以及当时的发展状况，循序渐进地平稳实现与城镇社会保障制度的衔接。从二元社会保障结构走向一元结构需要一个过渡的过程，应设计一个过渡模式，即城乡统筹模式。国家分别在 2014 年和 2016 年下发了城乡居民养老保险合并工作和城乡居民医疗保险合并工作的通知，在此两项合并工作的过程中也出现了不同程度的问题，针对这些问题应具体做出相关反应。逐渐解决相关问题，打破传统的二元模式，促进社会公平，实现城乡社会保险制度的顺利衔接。

（四） 加强基层农村社会保障管理

为顺利推进农村社会保障制度，需要明确农村社会保障管理部门的职能和管理任务，由专人负责，提高管理过程的信息化和规范化，提高基层社会保障工作人员的专业素养。新疆近年来建立了最低生活保障、新型农村合作医疗、医疗救助等制度来对农民们的生活提供最基本的保障，部分地区的被征地农民也被纳入专门的制度体系予以解决，新型农村社会养老保险制度还处于试点起步阶段。针对目前所存在的问题，应因地制宜加快推动社会保障基础设施的建设，组建专门的社会保障管理机构和管理人员，对社会保障资源和事务进行规范化、专业化管理。转变政府职能，加快服务型政府的建设，培养专业的管理服务人员，充分发挥各方组织和机构的作用。为了吸引更多的人才到基层来工作，应该改善工作环境，为其提供足够的发展空间，同时也可以给之前的工作人员提供培训，提高整个管理团队的专业素养，提高工作效率，优化工作结构。严格规范申请、核查、审批、公示和备案等各个环节，完善公开透明机制，确保农村社会保障政策得到全面落实。

（五）发展农村政策性保险和商业性保险事业

农村的保障体系由三大部分构成：城乡居民养老保险制度、城乡居民医疗保险制度和农村最低生活保障制度。农村的保险体系由两大部分构成：城乡居民养老保险制度、城乡居民医疗保险制度。农村政策性保险，包括农村种植业和养殖业保险；农村商业性保险制度，包括商业保险公司出售的人身保险和财产保险等。其中商业保险的缴费标准和报销标准基本上都要高于社会保险。换句话说，社会保险只是对参保人的基本生活提供一定的保障，商业保险可以在一定程度上为参保者提供更高的保障，有利于提高参保者的生活水平，政策性保险是农村社会发展中必不可少的。2005年，新疆成立了新疆农业保险领导小组，继而在2006年制订了农业保险试点实施方案。2016年城乡居民医疗保险合并工作开展以来，商业保险又参与到城乡居民医保保险中来，在城乡居民医疗报销的基础上进行二次报销。新疆维吾尔自治区利用竞标的方式，挑选实力较强、信誉度高的商业保险进行合作，开办了一些较为大型的比如说以棉花为主的农业商业保险。发展农村的社会保险只能为参保者提供最基本的生活保障，财政负担也在逐渐加重，商业保险的加入，实现了保险的多元化，为农民提供了更加多样化的选择，而且商业保险的保障水平较高，有利于提高农村居民的生活水平。在选择商业保险合作机构时，也要严格筛选，为农村居民把好关，降低各项生活风险。提高农村居民参保意识，增强防范风险的意识和能力，推动农村保险业的健康发展。

（六）提高农民收入水平，扩大保险覆盖范围，对低收入农民实施非缴费性农村社会保险

城乡居民医疗保险和城乡居民养老保险等保险基金的筹资来自于国家财政、各级地方政府、集体和个人共同承担。然而，由于部分农村居民的参保意识不强，保费的个人收缴任务效率较低，部分低收入农民家庭，没有足够的缴费能力。提高农民的收入水平关键在于解决农民们的就业问题，大部分农民的收入仅来自于务农和国家的农业补贴，收入较低，因此应该结合当地实际情况，对农业进行集中发展，解放部分劳动力，也可成立农业合作社，保障农作物的出

售渠道和收入水平。另外，可对闲散劳动力进行进业和再就业培训，或者组织他们外出务工，以此提高就业率，增加其收入。这样随着他们的生活水平的提高，参保意识和缴费能力也会相应提高。新疆作为农牧业大区，农民收入中种植业收入的比例占90%以上，导致农民收入较低。

加拿大养老金制度体系认为，可以通过转移农村人口或者推动城镇化的发展，形成社会保障的适用人群，有利于社会保障工作的管理和制度的顺利推行。就新疆地区的特点来看，推进民族地区城镇化建设和重视少数民族农村劳动力转移是新疆民族聚居地区农民收入增加，农村社会保障制度顺利推行的有效途径。因此，可通过对民族地区乡镇企业和民营企业的扶持，为当地创造足够的就业机会，推动当地社会经济的发展，也可对农民进行技能培训帮助其自主创业，并给予免税等优惠政策，增加工作积极性，提高收入水平。政府要因地制宜支持当地企业的发展，带动当地特色经济圈，逐步推动当地社会经济的发展。只有有效地解决了就业问题，保证农民获得较高水平且稳定的收入，才能够顺利推行社会保险项目。针对新疆不发达地区，制订专项的发展扶持计划，完善养老服务设施，落实社会救助项目的实施。在当地财政支付能力不足的情况下，中央财政应对其进行适当帮扶，充分发挥中央财政在支持少数民族地区社会事业发展方面的作用。

经过各方多年的努力，目前新疆已经开展了城乡居民养老保险工作和城乡居民医疗保险工作，与此同时新疆农村"低保"、医疗救助、救灾救济等社会救助制度也在不断完善。社会保障逐渐代替传统的家庭保障和土地保障，逐步减轻农民负担，增加农村社会福利，提高农民收入水平，为农民过上美好生活助力。这些工作的开展和制度的不断完善使农民基本生活得到更有效的保障，也使农民对中国的社会保障事业更有信心，同时为促进新疆地方经济发展奠定了基石，为新疆的改革发展和创建美好新疆提供了重要的制度保障。所以说，建立一个完善的统筹城乡居民的社会保障制度是惠及各地人民、惠及全疆的一项关键性工作，对提高人民生活、促进社会公平、稳定边疆、建设美好新疆具有重大意义。

第四章　新疆维吾尔自治区农村居民养老保障建设研究

一、基于第六次全国人口普查数据的新疆维吾尔自治区人口老龄化趋势分析

第七次全国人口普查将在 2020 年进行，因此只能暂用 2010 年第六次全国人口普查统计的数据结果，文中数据均是源于全国第六次人口普查的统计结果，对新疆地区老龄化趋势做出相关分析。

（一）基于第六次全国人口普查数据的新疆维吾尔自治区人口年龄结构的基本情况

1. 新疆维吾尔自治区人口年龄结构概况

人口年龄结构也称人口年龄构成，区分于各个年龄组人口在总人口中所占的比重或百分比。全国或某一地区一定时期内人口年龄构成状况，具有相对的稳定性，在一般情况下，随着时间的推移及经济发展而有所变化。

新疆的人口年龄结构一直在发生变化，且具有其独特性。中华人民共和国成立初期，新疆人口特征表现为高出生率、高死亡率且平均寿命较短。后来，随着计划生育政策的普及，加之社会经济水平、人民生活水平和医疗服务水平的提高，高出生率和高死亡率状况改变，人口出生率开始逐渐下降，

老年人口数量逐渐增多。在前五次进行的人口普查结果中显示：新疆 0～14 岁人口比重分别为 36.37%、36.32%、39.56%、33.04%、27.26%，且 65 岁以上人口比重分别为 5.43%、4.09%、3.67%、3.91%、4.67%，呈先下降后上升的趋势。从以上人口数据来看，新疆人口年龄结构主要特点表现在以下两个方面：一是人口出生率下降，老年人口比重逐渐上升；二是中间型人口（15～64 岁）年龄所占比重最大。

2. 新疆维吾尔自治区人口的年龄结构类型

上文中提到人口年龄结构区分于各个年龄组人口在总人口中所占的比重或百分比，可按其百分比分为年轻型、成年型和老年型。年轻型是指年龄较小的人口在总人口中高于一定比例时的人口年龄结构类型。主要表现为年龄中位数在 20 岁以下，少年儿童系数在 40% 以上，老年系数在 4% 以下，且老少比的数值在 15% 以下。一般用增长型人口金字塔形来表示，年轻人口所占的比重大，其塔形下宽上尖。成年型人口年龄结构也称中间型年龄结构，介于年轻型和老年型年龄结构之间的人口年龄结构类型。主要表现为年龄中位数在 20～30 岁，少年儿童系数在 30%～40%，老年系数在 4%～7%，且老少比在 15%～30%，在此区间都属于成年型年龄结构类型的数量界限，超出这个数量界限，或者属于年轻型人口年龄结构，或者属于老年型年龄结构。一般用静止型人口金字塔形来表示成年型人口年龄特征，各年龄组人数差别不大，只是在高龄人口部分才有比较急剧的收缩，因而塔形较直。老年型人口年龄结构主要表现为年龄中位数在 30 岁以上，少年儿童系数在 30% 以下，老年系数在 7% 以上，且老少比在 30% 以上，称为缩减型人口金字塔形，塔形上宽下窄，中年以上人口比重较大。①

根据新疆维吾尔自治区 2010 年第六次全国人口普查主要数据公报中年龄构成得知，在全区常住人口中，0～14 岁人口为 4530645 人，占总人口的 20.77%；15～64 岁人口为 15932420 人，占总人口的 73.04%；65 岁及以上人口为 1350269 人，占总人口的 6.19%。这个数据同第五次全国人口普查数据相比较来看，其中 0～14 岁人口的比重下降了 6.5%，15～64 岁人口的比重上升了 4.98%，65 岁及以上人口的比重上升了 1.52%。

---

① 吴忠观. 人口科学辞典［M］. 成都：西南财经大学出版社，1997.

按照以上新疆人口年龄结构的数据结合人口年龄结构类型定义分析，新疆属于成年型人口年龄结构类型，且有老年型人口年龄结构类型的倾向。另外，如果我们根据瑞典人口学家桑德巴所主导的人口年龄构成与未来人口生育率及自然增长率的关系来分析，新疆人口结构特征则表现为从高速增长转为稳定发展的趋势。上面人口年龄结构数据表现为人口中位数、老少比接近于指标值的上限，少儿比和老年人口比例两项指标的值都接近下限，可以认为新疆人口的年龄结构类型属于成年型。成年型的人口年龄结构是一种较为合理的年龄结构类型，因为在此年龄结构类型的国家或地区，其进入与退出学龄的青少年儿童人数，进入和退出劳动力资源的人数，进入老龄人口的人数和老龄人口的死亡数大致相同。这样，青少年的抚养教育问题、成年人的就业问题和老年人的养老问题大致都可得到妥善的解决，不会出现极端性的矛盾。

3. 新疆维吾尔自治区老年人口比例差异

表 4-1 概括了新疆各地区 65 岁以上老年人口比例的地区差异情况。数据显示：1990~2010 年全疆老年人口比例普遍上升，其中北疆和东疆地区老年人口比例上升速度最快，北疆老年人口比例从 1990 年的 3.11% 上升到 2010 年的 7.79%，上升幅度为 4.68%，同时东疆老年人口比例上升幅度为 3.46%，南疆地区老年人口比例上升速度相对较缓。在 1990 年南疆老年人口比例最高，尤其是阿克苏地区、喀什地区和和田三个地区老年人比例相对较高，分别为 4.53%、5.02% 和 5.33%；北疆老年人口比例最低，比如阿勒泰地区、塔城地区、伊犁地区和克拉玛依地区，这四个地区老年人口比例分别为 2.70%、2.80%、2.88% 和 1.64%；东疆地区老年人口比例略低于全疆，东疆的吐鲁番地区和哈密地区老年人口比例分别为 3.55% 和 3.37%。2000 年全疆老年人口比例上升，虽然各区域差距缩小，但南疆地区老年人口比例依然相对较高，其中南疆巴音郭楞蒙古自治州、阿克苏地区和喀什地区老年人口比例分别为 4.72%、4.81% 和 4.91%，和田地区和全疆基本持平，为 4.67%；北疆部分地区老年人口比例高于全疆，其中北疆的乌鲁木齐市、昌吉回族自治州两个地区老年人口比例首次超过全疆，比例分别为 4.85% 和 4.91%，直辖市老年人口比例为 6.35%，居于全疆最高，其余地区有所增加，但均低于全疆水平。

表 4-1　新疆老年人构成结构区域

区域	老年人比例（>65 岁）（%）		
	1990 年	2000 年	2010 年
南疆　巴音郭楞蒙古自治州	3.77	4.72	6.58
阿克苏地区	4.53	4.81	5.52
喀什地区	5.02	4.91	4.84
克孜勒苏柯尔克孜自治州	4.13	4.57	4.65
和田地区	5.33	4.67	4.35
合计	4.68	4.75	5.20
北疆　乌鲁木齐市	3.19	4.85	8.00
博尔塔拉蒙古自治州	2.63	3.71	7.20
昌吉回族自治州	3.38	4.91	8.95
阿勒泰地区	2.70	3.81	6.53
塔城地区	2.80	3.95	8.1
伊犁地区	2.88	4.13	6.29
克拉玛依	1.64	3.81	7.63
自治区直辖县级市	4.26	6.35	9.39
合计	3.11	4.56	7.79
东疆　吐鲁番地区	3.55	4.42	5.64
哈密地区	3.37	5.35	8.33
合计	3.47	4.86	6.93
总计	3.91	4.67	6.48

资料来源：1990 年《新疆统计年鉴》、2000 年《新疆统计年鉴》、2010 年《新疆统计年鉴》。

2010 年全疆老年人口比例继续上升，全疆老年人口比例达到 6.48%，接近老龄社会临界线 7.0%。全疆老年人口比例最高的地区均位于北疆和东疆，如自治区直辖市、昌吉回族自治州、塔城地区、哈密地区、乌鲁木齐市和克拉玛依地区老年人口比例分别为 9.39%、8.95%、8.1%、8.33%、8.00% 和 7.63%；老年人口比例低于全疆水平的地区多半位于南疆，如阿克苏地区、喀什地区、克孜勒苏柯尔克孜自治州和和田地区，老年人口比例分别为：5.52%、4.84%、4.65%、4.35%。新疆老年人构成结构区域如表 4-1 所示。

（二）基于第六次全国人口普查数据的新疆维吾尔自治区人口老龄化趋势的主要特征

人口老龄化是新疆社会经济发展的必然产物。随着新疆医疗卫生条件的改善及农村青壮年向城市转移，新疆人口老龄化问题日趋严峻。新疆人口老龄化具有"未富先老"、老龄化速度快、区域之间不平衡等特点。新疆人口的老龄化必然会对新疆的农业生产、社会保障等工作带来严峻的挑战。

1. 未富先老

人口老龄化是全世界普遍存在的社会问题。发达国家进入老龄社会时，其人均国内生产总值达到 5000~10000 美元并基本实现现代化，然而目前我国人均国内生产总值刚刚超过 1000 美元。新疆与全国平均经济发展水平相比有很大的差距。据有关部门的统计，2005 年新疆农民平均年收入为 2482 元，比全国平均水平低 773 元，相当于东部发达地区农民平均收入的一半。[①] 随着经济的发展，到 2016 年底，全国农村人均可支配收入为 12363 元，与此同时，新疆农村人口平均纯收入 10183 元，比全国水平低 2180 元，仍然相当于东部发达农村人均可支配收入的一半。[②] 新疆农村在经济不发达，农村社会服务体系尚未完善的情况下进入老龄社会，应对农村人口老龄化的经济实力相当薄弱。

2. 农村人口老龄化趋势持续深入

新疆农村人口老龄化在 2050 年之前将呈现先上升后下降的态势。2005~2007 年新疆农村老年人口年均增长率为 14%，比自然增长率超过 3%，新疆农村老龄人口增长态势猛烈。[③] 2014 年新疆农村老龄人口所占比例占农村总人口的 10%，新疆农村正式进入老龄社会。根据预测，新疆农村人口老龄化可分为四个阶段。第一阶段（2009~2014 年）是平稳增长阶段。这一阶段新疆农村老龄人口从 115.28 万人增加到 135.24 万人，老年人口比例增至 10% 左右。第二

① 田园，谭春萍，方玉姣. 新疆新型农村社会养老保险制度精算分析研究 [J]. 中国管理科学，2014，22（S1）：671-676.

② 中国报告网. 2016 年全国各省农村居民人均可支配收入分析 [EB/OL]. (2018-01-23). http：//data. chinabaogao. com/hgshj/2018/0123315W42018. html.

③ 阿里木江·阿不来提，李全胜. 新疆新型农村社会养老保险替代率的实证研究 [J]. 西北人口，2010，31（5）：49-54.

阶段（2015～2030 年）是快速增长阶段，老年人口所占比例将近 20%，年均增长 6.5 万人。第三阶段（2031～2050 年）是基本平稳阶段，农村老年人口所占比例将会超过 25%。第四阶段（2051～2060 年）是转变阶段。① 随着新疆城市化速度的加快及新型生育文明的逐步普及，农村青年劳动力向大中城市转移，2050 年以后这种形势将有所转变，城市老龄人口会超过农村老年人口，农村人口老龄化问题将有所缓解。

3. 新疆维吾尔自治区农村人口老龄化区域差异较大

新疆人口分布的鲜明特点是分布不均衡。2017 年新疆地区总人口数量达到 2181.58 万人。其中北疆地区占全区总人口的 52.06%，南疆地区占全区总人口 47.94%。北疆地区人口比重超过南疆地区 4.12 个百分点，其中北疆地区天山北坡经济带作为全疆经济中心，有两个地级城市和新疆唯一的特大城市，建制镇数量 35 个，市镇总人口达到 441.30 万人，占全疆城市总人口的 63.9%，农村老年人口所占比重不大，然而新疆农村老年人口主要分布在喀什地区、阿克苏地区、和田地区及阿勒泰地区，南疆青壮年到城市学习或务工，新疆农村老龄人口的分布已形成南多北少的格局。

二、新疆维吾尔自治区农村居民养老保障
现状及存在的问题

（一）新疆维吾尔自治区农村居民养老保障现状

农村社会养老保险对于新疆经济发展和社会稳定的大局起到支撑作用。2009 年 12 月起新疆新农保试点工作正式启动，截至 12 月底，首批 13 个试点县（市）的参保人数就已达 80.81 万人，占应参保人数的 80%，累计发放基础养

---

① 吐热尼古丽·阿木提，阿里木江·阿不来提. 新疆农村人口老龄化趋势预测及其影响分析［J］. 新疆师范大学学报（自然科学版），2012，31（1）：1-9.

老金 7989.03 万元（含各地增发部分），累计征缴新农保基金 7710.41 万元。①
2010 年，新疆加大了对新农保试点工作的支持力度，试点范围由原来的 13 个
县（市）覆盖到南疆三地州所有县（市），截至 2010 年 9 月底，43 个扩大试
点县（市）已确认应参保人数 352.56 万人，其中已参保人数为 135.22 万人，
占应参保人数的 38%，累计发放基础养老金 5765.53 万元，累计征缴养老保
险基金 11640.09 万元。2011 年初全疆共有 56 个县（市）开展新农保试点
工作，占全疆涉农县（市、区）的 60%，并初步决定于 2012 年达到全疆全
覆盖。2013 年新型农村社会养老保险年末参保人数为 496.93 万人，享受
待遇人数 92.68 万人。2014 年末参保人数为 496.07 万人，享受待遇人数
为 96.26 万人。② 2015 年、2016 年参保人数连年上升，截至 2017 年底，全区
城乡居民基本养老保险参保人数 590.63 万人，比 2016 年增加 51.05 万人，增
长 9.46%。③

（二）新疆维吾尔自治区农村居民养老保障存在的问题

1. 农村居民较缺乏养老保障意识

新疆地区由于独特的地理位置，相对来说，经济发展较落后。部分农民对
于社会保障这个概念也不能理解，所以在推广新农保时，不少农民一时间不能
改变原有的传统观念，只关心眼前利益，而不注重长远的利益。此外，一些农
民也由于预期收益的不确定，对参加养老保险犹豫不决。这种心理给在农村推
广养老保险带来了重重阻力。

2. 农村养老保障制度体系有待完善

从制度的设计方面看，新疆在 2009 年发布了《新疆维吾尔自治区新型农村
社会养老保险试点实施方案》，这标志着新疆开始了新型农村社会养老保险工
作，新型农村社会养老保险制度具体筹资模式为个人缴费、集体补助和政府补

---

① 阿里木江·阿不来提，刘晖．新疆新型农村社会养老保险综合评价研究［J］．新疆财经，2012
（1）：53-60.

② 阿里木江·阿不来提，刘晖．新疆被征地农民养老保险替代率的实证研究［J］．新疆财经，
2012（3）：15-21，28.

③ 参见新疆维吾尔自治区 2017 年国民经济和社会发展统计公报。

贴相结合，改变了以前的"个人缴纳为主，集体补助为辅，国家给予政策扶持"的筹资方式。由于新疆各地区经济发展不均衡，特别是南疆欠发达地区较多，经济发展相对落后，集体经济较为薄弱，致使大部分农村集体没有能力或者不愿意对农村社会养老保险予以一定的补助。同时，新农保在实施的过程中采用捆绑机制，即如果农民年龄超过60岁，就可以领取养老金而无须再进行缴费，但前提条件是其子女必须参加养老保险，这个限制条件使大部分农民参保主要是为父母能够领取到养老金，因此，在缴费档次上通常选择最低档，这也制约了农村养老保险的保障水平的提升。此外，也存在不少农村家庭由于生活负担的问题而没有缴纳子女的参保费，导致这些农民无法享受到养老保险金的服务。

3. 农村养老服务的发展水平相对滞后

新疆城乡之间的经济水平具有较大的差距，由于新疆地理位置的特殊性，处于祖国西北边陲，经济发展相对落后于其他省份，在养老服务的发展等方面也存在一定的滞后性。在新疆的农村地区，更是如此，养老服务的基础设施方面相对匮乏，相对缺少专业的老年人活动场所和专业管理人员，对于农民关心的医疗方面，也由于医疗水平有限，较难满足农民的需求。

（三）新疆维吾尔自治区农村居民养老保障存在问题的原因分析

1. 农民受到传统养老文化的影响

新疆地区农村居民养老保障意识薄弱的主要原因在于不同民族深受其传统养老文化的影响，这些文化心理作用都阻碍了农村养老保险的进一步推广。

大部分少数民族由于风俗习惯等因素会选择家庭养老的方式，这也是目前新疆各少数民族最主要的一种养老方式，这种养老方式也是新疆经济发展相对状况的直接体现。同时，由于新疆农村地区经济发展相对落后，农民收入水平不高，难以提供较高水平的养老保障，大部分农村居民满足于现有的生活水平，抱有知足常乐的心态，并且这种家庭养老方式成本也较低。这些因素都导致新疆农村居民缺乏一定的养老保障意识。

2. 新疆维吾尔自治区农村地区经济发展相对落后

新疆农村社会养老保险的发展，离不开地方政府的支持。政府财政方面的投入，是农村养老保险发展的重要因素。由于新疆各地州经济发展水平各有差异，南疆三地州相较于北疆、东疆来说，经济发展较为落后。一些地方政府财政能力较弱，无法提供资金支持，造成资金短缺问题，从而影响农村养老保险的发展。

三、农村养老保险制度发展历程

新疆是一个以农业为主的欠发达地区，根据国家 2017 年统计的人口数据显示在新疆总人口中农村人口占 56.46%。根据近年来调查数据分析新疆老年人口正在以每年 4% 左右的比例递增，人口老龄化问题较严重。因此对新疆这个农村人口占大多数的地区来说，新型农村社会养老保险制度在全疆的社会保障体系中占据着非常重要的地位。处理好养老问题事关民族团结、社会稳定，事关 2020 年新疆和全国一道全面步入小康社会。因此我国政府一直高度重视不断探索解决老年人口的社会养老问题。从 1978 年老农保在新疆的初步建立、试点、全面推广、整顿、恢复和发展到 2009 年新农保在新疆的建立，通过对比我们可以发现新疆新型社会养老保险在筹资模式、参保对象、制度创新、基金管理、制度的可衔接性方面独具优越性。

（一）新疆维吾尔自治区"老农保"的发展历程

1. 初步建立时期（1979~1990 年）

在党的十一届三中全会以后，农村经济发展成效显著。从 20 世纪 80 年代开始，新疆各级党委开始根据中央的有关发展农村养老保险的相关政策以及其他省份发展的相关经验开始对"社区性"农村养老进行探索和发展，养老的资金来源主要有两方面：一方面从集体资金完全支付；另一方面由集体支付缴纳的大部分资金和由小部分农民缴纳的资金组成养老金。当时只有乌鲁木齐县和昌吉回族自治州的小部分地区建立社区型社会养老保险，覆盖范围很小，普遍性不强。管理比较分散，不具有统一性。

2. 试点阶段（1991~1995 年）

新疆真正现代意义上的农村社会养老工作始于 1991 年，同年新疆维吾尔自治区民政厅根据国家民政厅相关规定制订颁布新疆社会养老改革的新方案。该方案规定养老金资金来源主要由个人担负、集体补助、国家财政补贴三部分构成。在年初乌鲁木齐、米泉、博乐被选作养老保险推广的试点，新疆民政厅建立专门的农村社会养老保险管理办公室开展试点工作。

3. 全面推广时期（1996~1997 年）

1996 年新疆农村养老保险试点工作结束之际，新疆维吾尔自治区召开全疆农保会议，该会议认为新疆已经达到在全疆推广农村养老保险的阶段，建立农保处和农保资金管理中心进行养老金的管理和运营。推广成果显著，截至 1997年末，农保覆盖县（市）达 48 个，参保对象达 108949 人次，保险金累计缴纳总额达 5559.5 万元。

4. 整顿时期（1998~2002 年）

从 1999 年中央调整在全国的养老保险工作，对部分地区暂停，对有条件的部分地区积极鼓励发展商业保险。在中央相关政策的引导下新疆也于 1998 年开始为期六年的养老保险停办时间，部分县（市）养老金退保，专业的农保机构以及专业的农保工作人员分别下降 23%、41%。在这段时间给新疆的养老保险发展造成不可估量的损失。

5. 恢复时期（2003~2008 年）

党的十六大报告明确指出要在城乡大力发展城乡社会福利，且中央文件明确提出有条件的地区可以探索和发展适合本地区的养老和医疗模式。随后，党的十七大报告也明确提出社会保障体制要加快覆盖城乡一体化，完善最低生活保障制度建设。在中央相关政策的支持下，截至 2006 年末全国参保人数总量为 5374 万人、养老金缴纳人数 355 万人、养老金缴纳金额总计 30 亿元。[1] 因此在这样一种形势下新疆又开始重新燃起社会养老保险发展的热情，但是由于受各种综合因素的影响，新疆的农保发展还处于停滞的状态，规模和水平仅维持在先前的水平上。

———————

[1] 参见 2006 年度劳动和社会保障事业发展统计公报。

（二）新疆维吾尔自治区"新农保"的发展历程及新老农保对比分析

1."新农保"出现的历史背景

2008 年，首先，在中央政策的大力指引下新疆也在探索和发展建立适合自己情况的新型社会养老保险制度。其次，经济的不断发展也是新疆有能力在中央财政补贴下发展社会养老事业的支柱。最后，人口老龄化的压力不断增大，客观上要求新疆尽快建立新型的社会养老保险制度。在中央有关养老保险制度改革的浪潮之下，新疆开始探索适合自己情况的养老保险制度。新疆的新农保制度从 2009 年开始试点、2010 年扩大试点、2011 年新农保制度全覆盖、2012年再次扩大试点、2013 年新农保管理纳入省级统筹、2014 年新农保城乡合并、2015 年正式合并为城乡居民基本养老保险制度。

2.新疆维吾尔自治区"新农保"的发展历程

新疆新型养老保险制度的发展历程如表 4-2 所示。

表 4-2　新疆新型养老保险制度的发展历程

年份	会议、文件	内容	缴费、年龄、覆盖人群
2009	新疆新型农村养老试点会议	提出建立 13 个新农保首批试点工作县（市），乌鲁木齐市乌鲁木齐县、伊犁哈萨克自治州伊宁县、塔城地区和布克赛尔蒙古自治县、阿勒泰地区哈巴河县、昌吉回族自治州呼图壁县、吐鲁番地区鄯善县、巴音郭楞蒙古自治州轮台县、阿克苏地区拜城县、喀什地区麦盖提县、和田地区和田市、博尔塔拉蒙古自治州博乐市、哈密地区哈密市、克孜勒苏柯尔克孜自治州阿克陶县。170 万农牧民纳入新农保范围之内	在参保方面，新农保个人年度缴费标准分为 5 个档次，分别为 100 元、200 元、300 元、400 元、500 元，参保人可自主选择缴费档次，多缴多得。在领取待遇方面，在新农保制度实施时，对于已满 60 周岁的老年人、且未享受城镇职工基本养老保险待遇的，则不用缴费，直接可以按月领取基础养老金，但是其符合参保条件的子女应当参保缴费，距领取年龄不足 15 年的，应按年缴费，也允许补缴，累计缴费不得超过 15 年，距领取年龄超过 15 年的，应按年缴费，累计缴费不得少于 15 年

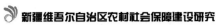

续表

年份	会议、文件	内容	缴费、年龄、覆盖人群
2010	新疆政府制定颁布了《关于印发新疆扩大新型农村社会养老实施方案的通知》(新政发〔2010〕57号)	新疆扩大新型农村社会养老方案，将全区贫困县、边境县以及南疆三地州共43个县市纳入了第二批试点范围	2010年，在认真总结首批新农保试点经验的基础上，及时补充修订试点实施方案：缴费补贴增至50元；增加了600~1000元5个缴费档次，让农民有更多的缴费选择；完善了新老农保与村干部养老保险的衔接办法；将重度残疾人等缴费困难群体代缴标准由50%提高到100%。考虑到城镇居民无固定收入、无生产资料，新疆维吾尔自治区决定其养老待遇适当高于新农保、低于城镇居民"低保"，确定其基础养老金为每人每月100元
2011	新疆维吾尔自治区党委七届九次全委(扩大)会议	国家加大对新疆地区新农保的支持力度，将新疆维吾尔自治区其余36个县市作为第三批全部纳入国家试点范围	首次实现新疆新农保制度全覆盖。新疆城乡养老制度有三个大的制度涵盖，一个是城镇职工的基本养老保险，新疆已经建立，270万人参保；第二方面是新农保；第三个方面是城镇居民养老保险。这三个方面从制度上覆盖就标志着新疆统筹城乡养老保险制度框架基本形成，人人享受养老保险得以实现
2012	新疆维吾尔自治区扩大新型农村社会养老保险试点工作会议	新疆维吾尔自治区喀什、和田、克州三地州所有县(市)及其他地州边境县、贫困县共计43个县(市)被纳入自治区新农保扩大试点范围	扩大试点实施方案对原实施方案做了补充和完善。将政府对参保人缴费的最低补贴标准由原来每人每年30元调整为50元。增加了对长期缴费的鼓励政策，对累计缴费满15年的农牧民给予鼓励，每增加缴费1年，每月可增发不低于2元的基础养老金
	全国社会保险基金管理座谈会	新疆新农保基金将由目前的县级管理逐步转变为省级管理，从而有效降低新农保基金使用和管理风险	把新农保基金由县级管理纳入省级管理，进入财政专户，保证已到领取待遇年龄村民可以按时拿到养老基金，以保障参保人员利益最大化

年份	会议、文件	内容	缴费、年龄、覆盖人群
2014	新疆维吾尔自治区第十二届人民政府第19次常务会议审议通过	新疆维吾尔自治区人民政府印发了《关于建立统一的城乡居民基本养老保险制度的实施办法》（新政发〔2014〕76号），决定将新型农村社会养老保险（以下简称"新农保"）和城镇居民社会养老保险（以下简称"城居保"）两项制度合并实施，在全区建立统一的城乡居民基本养老保险制度，并与职工基本养老保险制度相衔接	年满16周岁（不含在校学生），非国家机关和事业单位工作人员及不属于职工基本养老保险制度覆盖范围的城乡居民，均可在户籍地参加城乡居民养老保险。一是建立"多缴多得、长缴多得"激励机制。适当提高缴费档次，在原来新农保、城居保100元至1000元10个缴费档次的基础上，增加了1500元、2000元、2500元和3000元4个缴费档次，鼓励有更高缴费能力和意愿的居民参保缴费。新疆维吾尔自治区根据城乡居民收入增长等情况适时调整缴费档次标准。规定有条件的村集体经济组织对参保人缴费给予补助，鼓励有条件的社区将集体补助纳入社区公益事业资金筹集范围。各级政府对参保人缴费给予每人每年不低于50元的补贴，对选择100元以上档次缴费的按每提高一个档次每人每年增加不低于5元的标准给予补贴。二是统一城乡居民基础养老金标准。原新农保的基础养老金标准为55元，原城居保的基础养老金标准为100元，合并后城乡居民养老保险待遇统一为每人每月不低于100元，其中中央财政补助55元，新疆维吾尔自治区各级财政补助45元。各地可根据本地实际适当加发基础养老金。新疆维吾尔自治区建立基础养老金最低标准正常调整机制，根据经济发展和物价变动等情况适时调整。三是对部分人员给予政策倾斜，重度残疾人等缴费困难群体可自主选择缴费档次，地州市、县（市、区）政府为其代缴最低标准的养老保险费。对在任的村干部，县（市、区）适当提高缴费补贴标准。对爱国宗教人士、农村"四老"人员、领取《计划生育独生子女父母光荣证》和《计划生育父母光荣证》的人员，提高缴费补贴和基础养老金发放标准。四是完善养老保险关系转移接续。参加城乡居民养老保险的人员，在缴费期间户籍迁移、需要跨地区转移城乡居民养老保险关系的，可在迁入地申请转移养老保险关系，一次性转移个人账户全部储存额，并按迁入地规定继续参保缴费，缴费年限累计计算；已经按规定领取城乡居民养老保险待遇的，无论户籍是否迁移，其养老保险关系不转移。五是建立参保人员丧葬补助金制度。丧葬补助金发放标准400元，体现人文关怀和公平公正，减轻参保居民家庭的丧葬费用负担，缩小城乡居民收入差距。六是统一管理服务。统一社保基金，将新农保基金和城居保基金合并为城乡居民养老保险基金，按国家统一规定管理、监督和投资运营

年份	会议、文件	内容	缴费、年龄、覆盖人群
2015	《关于建立统一的城乡居民基本养老保险制度的实施办法》规定	2015年1月1日起新型农村社会养老保险和城镇居民社会养老保险将正式合并为城乡居民基本养老保险制度	规定增加个人缴费档次，原缴费档次为10档，100~1000元不等，新的实施办法规定：在保留原10个缴费档次的前提下增加1500元、2000元、2500元、3000元4个档次，共14个档次。参保人自主选择缴费档次，逐年缴费，多缴多得，为有更高缴费意愿和缴费能力的居民提供了更多选择
2016	《关于2016年提高市区城乡居民基本养老保险基础养老金最低标准的通知》规定	在2016年，我国首次统一提高全国城乡居民养老保险金最低标准。同时，企业退休人员养老金将会继续上调	增加基本养老金，新农保原来的每人每月55元基础养老金提至现在的100元，和城居保基础养老金标准一致，统一确定为100元。城乡居民基本养老金最低标准提至每人每月70元，也就是在以前每人每月55元的基础上增加了15元。同时，企业退休人员基本养老金也在持续上调：由2004年的月均647元提高到目前的2000多元，增长了2倍多。补助丧葬费，对于参保人去世的，应给予一次性丧葬补助金，补助标准为自治区人民政府确定的基础养老金标准的4个月，即400元。新疆养老保险普调办法和标准：一是普调增资，每人每月在2016年末的基本养老金的基础上增发40元。二是工龄增资，退休人员缴费年限每满1年每月增发5元，缴费年限不满15年的人员，每人每月增发75元，缴费年限指国家和自治区规定缴纳基本养老保险费的累计年限（含视同缴费年限，不含折算工龄）。三是比例增资，每人每月按退休人员2016年12月本人基本养老金水平的1%增发（四舍五入到元）

3. 新疆维吾尔自治区新旧农保政策的对比分析

（1）在筹资模式方面。在保费筹资机制方面，以往的老农保筹资方式为个人为主，担负主要责任、集体予以一定补助、国家适当给予补贴，但是缺少国家资金投入，国家只是为农民参加社会养老保险提供一个有效的政策平台，没有资金投入，属于一种自我储蓄型的社会养老模式。新农保实施的是三方责任制，是"个人缴费+政府补贴+集体补助"的养老基金筹资模式，弥补了传统"老农保"在政府资金投入方面的不足，这也是新农保中较为显著的特点，充分表现了政府在农村养老保险问题中应当承担的责任。

如表4-2所示,新农保的缴费标准设定为100元、200元、300元、400元、500元5个档次,600~1000元5个缴费档次。2014年在保留原来新农保、城居保100~1000元的10个缴费档次的基础上,增添了1500元、2000元、2500元和3000元4个缴费档次,共14个缴费档次,对于居民来说有了更多的档次选择,可以根据自身经济条件来选择不同的缴费档次来参保缴费。对那些生活在城镇但无固定收入、无生产资料的居民,自治区决定其养老待遇适当高于新农保、低于城镇居民"低保",确定其基础养老金为每人每月100元。新疆维吾尔自治区建立基础养老金最低标准正常调整机制,根据经济发展和物价变动等情况适时调整。对部分人员给予政策倾斜,重度残疾人等缴费困难群体可自主选择缴费档次,地州市、县、市、区政府为其代缴最低标准的养老保险费。对在任的村干部,适当提高缴费补贴标准。2014年对于非国家机关和事业单位工作人员及不属于职工基本养老保险制度覆盖范围的城乡居民,均可在户籍地参加城乡居民养老保险,建立"多缴多得、长缴多得"激励机制。2016年规定增加基本养老金,新农保原来的每人每月55元基础养老金提高至现在的100元,和城居保基础养老金标准一致,统一确定为100元。城乡居民基本养老金最低标准提高至每人每月70元,也就是在以前每人每月55元的基础上增加了15元。同时,企业退休人员基本养老金也在持续上调:由2004年的月均647元提高到目前的2000多元,增长了2倍多。新农保的14项缴费档次的设立使农牧民有了更多的选择,与此同时,政府加大在参保缴费方面的补贴,这样的筹资机制能有效提高筹资水平,也能够在一定程度上减轻农牧民的负担,最终提高农牧民的养老保障水平。

(2)参保对象。老农保的参保年龄为20~59岁拥有农村户口的农牧民,但是因为参保缴费单一的融资模式,所以众多的农牧民、残疾人、有很多无收入或无固定收入的农民却因为没有收入而不能参加社会养老保险,老农保的参保对象范围很小,有的只是那些乡镇企业人员、乡镇事业人员、乡村教师等极少部分人可以参加社会养老保险。但是新农保的参保对象非常广泛,凡年满16周岁(不含在校学生)不是国家机关和事业单位工作人员及不属于职工基本养老保险制度覆盖范围的城乡居民,均可在户籍地参加城乡居民养老保险。新农保的建立打破传统参保对象的局限性,基本覆盖了以农业为主的大部分农村人口,新农保比起老农保更加具备了广泛的社会福利性和社会保险性。

(3)制度更具创新性。新农保中的养老金由个人储蓄和基础养老金构成,个人账户由个人缴费、集体补助和政府补贴三方面构成，国家规定对地方养老金的支付金额为55元，但是又规定各个地方可以根据自身的经济发展水平确定本地的基础养老金标准。在2014年新疆维吾尔自治区城乡居民养老保险合并后确定的基础养老金标准为100元，其中中央支付55元，新疆维吾尔自治区补助45元。此外，新疆维吾尔自治区的新农保政策还增加了一些优惠政策，例如对长期参保对象的优惠政策，对于累计缴费超过15年的农牧民给予基础养老金奖励，在缴费15年的基础上，缴费每增加1年，每月可多发不少于2元的基础养老金。新农保政策在不断创新和发展，2016年新疆新农保政策调整在原来基础养老金的基础上又增加基本养老金，即城乡居民基本养老金最低标准提高至每人每月70元，在原每人每月55元的基础上增加15元，提高幅度为27.3%。新农保的建立改变了老农保单纯个人储蓄型的养老模式，新型养老模式的建立有利于打破城乡二元体制，缩小城乡发展差距。新农保的建立不再是传统只有乡镇企业人员、乡镇事业人员、乡村教师等极少部分人可以参加社会养老保险，更多的是政府对农民养老"普惠"性的一种体现，不管是经济相对发达的北疆地区还是南疆贫困的地州地区的农民，只要年满60岁的老人都可以享受到政府每月55元的基础养老金。2016年的新农保政策还增加了丧葬补助，对参保人死亡的，自治区人民政府给予一次性丧葬补助金，补助标准400元。此项新农保政策的设立使新农保制度的设计显得更加人性化。

（4）养老基金管理方式更加规范。以往的老农保养老基金由县级基金管理单位进行统筹管理，管理经费由基金管理单位从这些农保经费中抽取。但是在新型农村养老保险的有关指导意见中明确规定了新农保基金的管理采用两条线：一是专户管理；二是进行独立的核算和记账，把国家和集体补助的资金放入到一个专门的账户来进行管理。新疆地区的新农保基金在2013年由原来的县级管理转变为省级管理，将新农保基金进入财政专户，由审计、财政和人社部门三方共同监督管理好新农保基金，从而有利于确保农牧民在60岁以上能够领到足额的养老基金，新农保资金省级进行统筹管理有利于实现参保人员的利益最大化。2013年颁布的《新疆维吾尔自治区城乡"低保"资金管理暂行办法》规定：①预算管理科学精细。合理编制城乡"低保"资金预算，提高"低保"资金预算的科学性、完整性；加强预算执行管理，注重绩效考评，完善资金分配办法，提高预算支出的均衡性和有效性。②保障标准动态调整。根据物价变动情况和经济社会发展变化适时调整城乡"低保"标准，切实保障"低保"对象基本生活。③管理信息公开透明。加强"低保"资金管理的信息公开工作，依法公开相关政策、数据等信息，严格执行"低保"对象审批和资金发放的公示制度，确保补助资金用于符合条件的困难群体，实现"低保"对象的"应保尽保、应退尽退"。④资金管理规范安全。规范城乡"低保"资金管理程序，健全监督机制，确保城乡"低保"资金专项管理、分账核算、专款专用。完善资金支付和发放管理，简化环节，提高效率，确保城乡"低保"资金及时足额地发放到"低保"对象手中。⑤新农保具有良好的可衔接性。新疆以往的社会养老保险可以说是一个较独立的保险体系，几乎不能考虑到与其他养老保险制度的衔接问题，尤其是与城镇养老保险的衔接问题，但是新农保与其他保险体系具有很强的衔接性，这种衔接性体现在三个方面：一是可以结合以往农牧民的土地养老、社会救助等保险措施来解决农牧民的社会养老问题；二是可以和城镇养老保险制度可以有效衔接，自治区人民政府于2014年印发了《关于建立统一的城乡居民基本养老保险制度的实施办法》（新政发〔2014〕76号），将新农保和城居保两项制度合并实施，在全区建立统一的城乡居民基本养老保险制度，提出新农保与城镇职工基本养老保险制度相衔接有利于实现城乡养老的统一和平等，增加农牧民个人的缴费档次；三是做好对重灾家庭、残疾人、"五保户"家庭、计划生育双证家庭等低收入农牧民的社会优抚及"低保户"的最低生活保障等社会保障工作与新农保政策实施之间的良好衔接。解决好中央和地方两个层级新农保政策之间的有效衔接。随着社会发展速度的加快，人口的跨省、跨区流动速度加快，如何解决流动人口的异地养老问题成为全社会关注的焦点，新疆新农保政策的设立正好解决了异地养老人口的后顾之忧，自治区人民政府印发了《关于建立统一的城乡居民基本养老保险制度的实施办法》规定参加城乡居民养老保险的人员，在缴费期间户籍迁移、需要跨地区转移城乡居民养老保险关系的，可在迁入地申请转移养老保险关系，一次性转移个人账户全部储存额，并按迁入地规定继续参保缴费，缴费年限累计计算；已经按规定领取城乡居民养老保险待遇的，无论户籍是否迁移，其养老保险关系不转移。该项政策的出台能够有效解决农牧民在流动过程中出现的社会养老问题，防止错保或者重复参保问题的出现。

四、新型农村社会养老保险是否有利于农村居民生活水平的改善

2009 年实施的新型农村社会养老保险是近年来党和国家一项重大的惠民政策，联合新医保对农村居民的生活产生了巨大的影响。2009 年开始新农保的试点工作，在 2012 年底已经基本实现了新农保制度的全覆盖。新农保对于破解城乡二元结构以及实现农村居民"老有所养"这一目标具有重要意义。新农保制度又具有明显的地域性，地方经济社会发展的不同程度也会影响新农保制度的给付水平。已有研究表明，社会制度的实施效果与居民的消费结构和变化具有密切的联系。

近年来对社会保障制度的研究表明，新农保的实施对农村居民的消费结构以及消费水平存在积极作用。本书拟结合 2007～2017 年的《新疆统计年鉴》中的相关数据，对新农保在新疆实施前后对农村居民消费结构和水平的变化进行分析，希望对新疆新型农村社会保障制度的实施和发展提出可行性的建议。

(一) 研究方法

未来收入预期的保障和增加会促进当年消费支出的增加，新型农村养老保险的主要目的就是保障和提高农村居民预期收入，因此新农保的实施必然会促进农村居民当前消费支出的增加，从而引起其边际消费倾向的变化，即其相对值和绝对值的变化，本书主要从消费倾向变化的相对值入手，检验新疆农村居民的消费结构在 2007～2017 年是否因为新农保的实施而发生变化以及其变化的显著程度。本书拟采用 ELES 模型，将农村居民的消费结构数据带入到需求函数当中，从而对新疆农村居民消费结构数据进行分析，以此来探究新型农村养老保险制度对新疆农村居民消费结构的影响。其中，基本消费需求和收入水平无关，非基本消费需求则是纯收入[①]和基本消费需求之间的差额，并按照边际

---

① 2014 年取消农村户口后，农村与城镇统一使用可支配收入作为统计口径，将纯收入替换为可支配收入。

消费倾向比例在不同的非基本消费之间分配。该模型假定农村居民的纯收入和商品价格决定了其对商品和服务的需求量。

(二) 数据分析

本书对 2007~2017 年《新疆统计年鉴》中的农村居民收入和消费数据进行了整理和参数分析，从统计视角对新疆农村居民的收入水平、消费水平、消费结构、恩格尔系数等进行了统计对比，发现自新农保制度实施后，显著地改善了新疆农村居民的生活水平和消费结构，提高了其消费水平，对农村居民的生活质量的改变起到了极大的促进作用。主要表现在以下几个方面：

1. 消费水平

从表 4-3 和图 4-1 可以看出，2007~2017 年，新疆农村居民的纯收入在不断地上升，相应的人均消费水平也在不断地上涨，新疆农村居民的收入水平和消费水平成正相关关系。从人均消费水平上看，2007~2017 年人均消费水平持续上涨，其中 2011 年和 2014 年的增长幅度最大分别为 940 元和 1246 元。根据相关数据显示[①]，新疆农村居民养老保险从 2011 年开始实现全覆盖，笔者认为，新型农村养老保险的实施改善了农村居民的消费预期，减少其储蓄型支出。人均消费比重和消费水平自 2011 年的大幅度上涨说明新型农村养老保险加大了农民对未来收入预期的乐观程度，从而农村居民增加了现期的消费支出，反映出农村居民提高生活水平的意愿较强，对生活质量的要求有所提高。

表 4-3　2007~2017 年新疆农村居民收支概况

年份	2007	2008	2009	2010	2011	2012	2013	2014	2015	2016	2017
农村居民人均纯收入（元）	3183	3503	3883	4643	5442	6394	7296	8724	9425	10183	11045
农村居民人均消费水平（元）	2320	2684	2951	3458	4398	5245	6119	7365	7694	8277	8713

资料来源：2007~2017 年《新疆统计年鉴》。

---

① 数据来源：新疆统计年鉴。

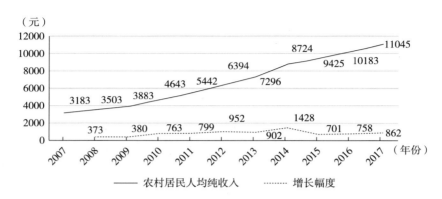

图 4-1　2007~2017 年新疆农村居民人均纯收入及增长幅度

资料来源：2007~2017 年《新疆统计年鉴》。

　　根据图 4-2，从恩格尔系数可以看出，新疆农村居民的恩格尔系数自 2008 年开始下降，但其幅度很小，变化也很小，从 2011 年开始，新疆农村居民的恩格尔系数从 2010 年的 40.3% 下降到 2011 年 36.1%，下降了 4.2%，并且下降趋势持续，2014 年略有上升，2015 年和 2016 年持续下降，表示农村居民的生活水平得到了明显的改善，其消费结构正在不断地合理化。同时，恩格尔系数的下降，说明农村居民对于食品消费的数额在消费总额中所占比例不断缩小，对其他消费品的支出开始增加，农村居民的消费结构以及消费倾向正在不断地发生改变。

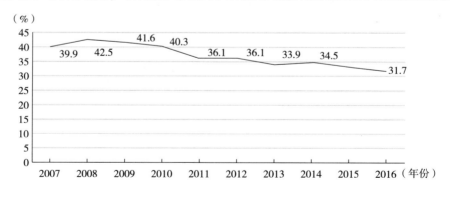

图 4-2　2007~2016 年新疆农村居民恩格尔系数

资料来源：2007~2016 年《新疆统计年鉴》。

2. 边际消费倾向

从表4-4可以看出食品消费的边际倾向从2008～2016年分别是0.63、0.23、0.22、0.24、0.32、0.20、0.33、0.30、0.32。2009年和2010年食品的边际消费倾向有所下降,但是到了2011年、2012年、2014年、2016年食品的边际消费倾向有所上升,尤其是2012年和2014年回升幅度较大,这是由于新农保的作用开始减弱还是因为其他因素呢? 由于新农保的实施年份较短,可用来考量的数据较少,笔者认为一方面可能是因为数据口径所致,另一方面可能是因为物价上涨所致。同样,2008～2016年医疗保健的边际消费倾向分别是-0.01、0.03、0.02、0.26、0.07、0.17、0.09、0.12、0.17,从以上数据我们可以明显地发现,自2011年新疆新农保实现全覆盖后,医疗保健的消费倾向比较2011年之前有大幅度的提高,尤其是2011年,其边际消费倾向达到了0.26,超过了食品的消费倾向比,这说明新农保的实施对农村居民的基本生活质量有改善。但是我们也可以发现医疗保险的消费倾向在2011年到达最高点后,2012年、2013年和2014年均低于2011年的消费倾向,这说明新农保虽然对农村居民的基本生活质量有所改善,但是由于其制度自身的限制,其对农村居民的基本生活改善的力度和持续时间有限。

表 4-4　2007～2016 年新疆农村居民边际消费倾向对比

年份	食品	衣着	居住	家庭设备、用品及服务	交通通信	娱乐教育文化用品及服务	医疗保健
2007	0.29	0.07	0.19	0.04	0	0.17	0.05
2008	0.63	0.001	0.14	0.02	0.11	0.13	-0.01
2009	0.23	0.11	0.06	0.03	0.19	0.11	0.03
2010	0.22	0.06	0.24	0.04	-0.002	0.08	0.02
2011	0.24	0.09	0.41	0.02	0.27	-0.19	0.26
2012	0.32	0.06	0.36	0.02	0.12	-0.02	0.07
2013	0.20	0.06	0.36	0.06	0.06	0.08	0.17
2014	0.33	0.12	-0.15	0.06	0.22	0.22	0.09
2015	0.30	0.11	0.23	0.05	0.30	0.12	0.12
2016	0.32	0.13	0.34	0.06	0.34	0.32	0.17

注: 原始数据来源于《新疆统计年鉴》,对比数据由笔者分析得出。

资料来源: 2007～2016 年《新疆统计年鉴》。

通过以上分析可以发现，新农保实施以后，农村居民的基本消费倾向发生了变化，但是这种变化是否显著呢？利用 Excel 中的数据分析对农村居民的消费倾向数据的差异显著性进行检验，结果如表4-5所示。

表4-5 农村居民消费倾向显著性分析①

年份	F	P-value	Fcrit	显著项
2008~2009	2.76	0.12	4.28	—
2009~2010	1.58	0.3	4.28	—
2010~2011	1.8	0.25	4.28	—
2011~2012	6.64	0.02	4.28	医疗保健
2012~2013	10.08	0.009	4.28	食品、医疗保健和教育文化
2013~2014	0.33	0.9	4.28	—
2014~2015	2.56	0.4	4.28	—
2015~2016	1.88	0.35	4.28	—

农村居民基本生活消费倾向的显著性分析表中，2008~2009 年、2009~2010 年、2010~2011 年三组数据显示，其置信水平均在 5% 之上，可以认为2008~2011 年农村居民的基本生活消费倾向并未发生显著的变化，但是我们在表4-4 中发现医疗保健的消费倾向比出现了增长，根据新疆 2011 年实现新农保全覆盖的现实情况，说明新农保的实施在一定程度上增加了农村居民的收入预期，从而改善了农村居民的消费倾向。2011~2012 年相比显著性 P 值小于 5%，医疗保健消费倾向发生了显著变化，但是其变化是医疗保健的消费倾向比显著下降，在上文中提到 2012 年物价水平上涨，导致农村居民对于其收入期望不乐观，加强了食品的消费倾向，减少了其他消费的消费倾向，同时证明了新农保的实施对于农村居民增加未来收入预期的作用有限，一旦家庭发生经济变化，农村居民原本改善的消费倾向会跟着产生变化。2012~2013 年相比，其显著性 P 值小于 1%，农村居民的消费倾向差异极显著，主要表现在食品、医疗保健和教育文化娱乐用品及服务，2013~2016 年相比消费倾向无明显差异。此外，可以发现，当农村居民的预期收入信心增强或变弱时，最先发生变化的是食品的

① F 大于 Fcrit，则表示数据有差异，结合 P-value，若 P-value 大于 0.01 且小于 0.05，表示差异显著；若 P-value 小于 0.01，则表示差异极显著。如果 F 小于 Fcrit，那么 P-value 高于 0.05，则表示两组数据无差异。

消费倾向，其次是医疗保健和交通通信。

3. 新疆维吾尔自治区农村居民消费结构

表4-6列出了2007~2016年新疆农村居民的八类基本消费支出以及基本消费支出占总收入的比例，2007~2009年，新疆农村居民基本消费支出占总收入的比例逐年缓慢上升，2010~2012年出现缓慢下降，2013年回升，但总体而言，新疆农村居民基本生活支出变化不大，平均保持在40%左右，由此可以看出，新农保的实施对农村居民的基本生活支出改善作用不明显。一方面，农民的消费支出意愿主要取决于其收入水平和预期收入，理论上，收入的增长会带动消费的增长，农村居民收入水平逐年增长，但是其基本消费支出占总收入的比例却保持稳定状态，这说明新农保的实施并没有改善农村居民的基本消费状态，农村居民的消费水平仍然处于低水平阶段。另一方面，由于受到传统养老观念的影响，农村居民认为养儿防老仍然是主要的养老方式，加上新农保的补贴标准低、待遇水平不高等问题的存在，农村居民认为新农保的实施并不会对他们日后的老年生活质量有所改善，故不容易改变他们现有的消费方式和观念。

表4-6　新疆农村居民基本消费支出对比

年份	食品	衣着	居住	生活用品及服务	交通通信	教育文化与娱乐	医疗保健	其他	最基本消费支出占总收入的比例（%）
2007	939.03	218.18	445.02	91.45	210.69	234.70	166.27	45.24	39
2008	1140.33	218.61	491.28	97.58	244.59	276.31	168.99	46.24	40
2009	1225.93	261.26	514.72	107.28	316.55	319.39	158.13	47.37	41
2010	1394.65	303.66	695.17	137.69	314.73	382.14	170.15	59.94	39
2011	1589.46	372.10	1025.28	198.57	530.59	229.66	376.87	75.28	38
2012	1890.96	429.92	1298.44	219.10	646.37	206.34	444.15	110.20	38
2013	2072.00	484.67	1623.82	256.41	700.11	280.68	593.37	108.01	41
2014	2540.00	651.00	1413.00	341.00	1010.00	601.00	717.00	92.00	——
2015	3048.00	550.50	1926.20	545.60	1163.10	969.30	846.00	174.00	——
2016	3266.10	575.40	2147.00	595.70	1359.90	1070.30	929.20	186.00	——

资料来源：2007~2016年国家统计局官方网站。

4. 新疆维吾尔自治区农村居民基本消费结构分析

就农村居民的基本消费支出而言，其基本消费结构更能反映出农村居民生活改善的细节。从图4-3可以发现，食品的消费支出占八个消费支出比重是最大的，其次是居住。食品的消费支出占总消费支出的比重从2008年开始持续下降，下降幅度在2011年达到最大，居住消费支出占总消费的比重从2009年开始上升，并且保持持续上升的趋势，2013年开始大幅度下降，居住支出比重的增加幅度在八个消费支出中最大。教育文化和娱乐的消费在2007~2010年保持平稳，2010~2013年开始下降，其中2011年下降幅度最大，交通通信在2011年、2012年和2014年的比重有所上升，其他年份较为平稳，医疗保健的支出比重在2010年开始上涨，并且保持持续上涨趋势。衣着、生活用品及服务和其他商品和服务的支出比重在2007~2016年并无明显的变化。虽然食品的消费比重在2011年下降幅度最大，交通通信和医疗保健的消费比重在2011年开始上升，但是教育文化和娱乐的消费比重在2011年开始大幅下降，同时居住的消费比重除了2009年和2014年以外，其他年份持续增长。

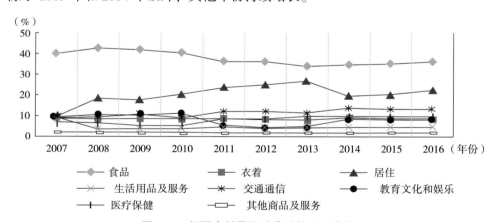

图4-3 新疆农村居民消费结构比重变化

以上八类基本消费结构的变化中，变化较大的分别是食品、居住、交通通信、医疗保健和教育娱乐。其中食品在2011年下降幅度最大，同样地，医疗保健和交通通信也是在2011年变化最大，对于参保者而言，收入的提高，恩格尔系数的下降，说明生活质量有了改善，同时，居住、交通通信和医疗保健比重的上升在一定程度上反映出新疆农村居民的消费结构正在发生变化，农村居民对生活水平的要求有所提高，生活质量有所改善。虽然说新农保的实施增强了农村居民对于其收入的信心，使其在医疗保健和交通通信方面的消费增加，但是并未从根本上解决新疆农村居民的养老问题，所以农村居民的储蓄性消费并不会减弱。

（三）结论

本书通过对新疆 2007~2017 年相关数据，对新疆在实施新农保前后农村居民的基本消费情况进行了分析，得出了以下结论：

（1）新农保实施后，农村居民对其预期收入的信心增强，农民对未来的收入预期乐观，增加了现期的消费支出，消费水平有所提高。农村居民提高生活水平的意愿较强，对生活质量的要求有所提高。

（2）新农保实施后，恩格尔系数下降，新疆农村居民的消费结构和消费倾向发生改变，其生活质量有一定程度的改善，但是从其消费倾向的分析上来看，新农保对农村居民生活质量改善的作用和持续时间有限，并不能改善农村居民消费结构脆弱的现状。

（3）新农保对新疆农村居民的基本消费支出的影响有限，主要是因为农村传统养老观念和新农保补贴标准低、待遇水平低等因素的影响，新农保的实施对农村居民的消费观念的改善作用并不大。

（4）新农保实施后，农村居民基本消费结构发生变化，其中以食品、医疗保健、交通通信和教育娱乐变化为主，但是新农保并未从根本上解决农村居民的养老问题，故农村居民的储蓄型消费不会减弱。

五、新疆维吾尔自治区新型农村社会养老保险
实施的一个案例

（一）X 市 Y 镇新农保政策实施现状

根据 X 市 Y 镇劳动保障部门的数据统计，截至 2016 年 12 月，全镇共有近

4715 人纳入了新农保，保险覆盖率达 95%；其中缴费人员 3386 人，参保率达93%；60 周岁及以上符合领取待遇已发放养老保险金的 1329 人，发放率达100%，2015～2016 年新农保续保率达到 87%，逐步实现新农保全覆盖的目标任务，初步实现了农村居民的"老有所养"。

1. 参保意识有所提高，参保率逐年上升

通过近几年政府的宣传动员，与此同时有一定数量的农牧民领取到了养老金，让农牧民真真切切地感受到新农保带来的实惠，明白了参保的有利之处、不参保的吃亏之处，所以参保意识有所提高。人民的经济条件逐步得到改善，使 X 市 Y 镇地区的农牧民愈发重视养老保障，也在一定程度上改变着原来的养儿防老、土地养老观念，逐步提升到纳入社会养老体系的养老参保意识，参保率由 2010 年起步时的 50% 提高到 93%，并有持续上升的趋势。

2. 农业村村民相对于牧业村村民参保积极性略高

按照参保时间计算，每年的 1～10 月农牧民都可以到当地的劳动保障部门缴费参保，农民来缴费的时间普遍比牧民早，很大原因可能与获得收入的方式和时间有关。

利用政府政策积极宣传和引导替代原本的僵化性行政命令形式去鼓励农户参与新农保。Y 镇的新农保工作人员采取创新的工作方法，积极深入到每一个农户家中，积极讲解和说明参保新农保的保障作用以及实惠之处，帮助农户排除不必要的顾虑，并帮助其完善相关手续，使农牧民能够在每年积极到劳动保障部门续保的同时，基金也能及时筹措到位，农民得到实惠，解决了老年人生活的后顾之忧，全镇享受农村养老金待遇总人数已达 1329 人，月领取金额 65元至 110 元，农牧民看到了实实在在的好处，开始由被动参保变为主动参保，农村养老保障水平有了提升。①

3. 缴费档次选择较低

在 Y 镇劳动保障部门的统计数据中显示，100～1000 元十个缴费档次中，六成参保农户都是选择了第一档次 100 元的。选择 1000 元的每个行政村平均只有十余人，更别说后面调整缴费档次最高 3000 元，选择最高档次的更是寥寥无

---

① 张金峰，常敬，胡尹燕．河北省新型农村养老保险试点分区域调查研究［J］．石家庄经济学院学报，2011，34（5）：83-85.

几。按照计算得出，100 元与 1000 元的缴费档次直到满足领取农保养老金时，可以得到的数额分别是 66.5 元以及 238 元，缴费差别是 10 倍，但是退休后的所得却不是 10 倍增加，对于不同的缴费档次，领取待遇与缴费不是成倍地增长，这也可能是很多人选择最低缴费档次并持有观望态度的原因。这种情况在牧业区尤其明显，这与当地的经济收入来源、收入多少有一定的关系，相信随着家庭收入水平的提高，这一情况会得到改善。

（二）X 市 Y 镇新农保实施取得的成效

新农保推出的根本目的就是为了给广大农村民众提供必要的社会福利保障。政府把新农保政策的切实执行纳入相关的工作考评标准之中，每一个人都有各自的工作责任和任务。截至 2016 年 6 月，Y 镇共有 4700 余农村居民纳入了新农保，保险覆盖率达 95%。相比较老的农保形式，由于中央政府加大了对新农保财政补贴的力度，使在新农保的政策实施方面有了明显的改善。阿勒泰地区 Y 镇也在近五年的探索实践中，找到适合当地发展的新农保实施策略与方法，逐步完善各项措施，取得了一定的成效。

首先，在制度层面构建可行的行政实施方案。根据国务院以及新疆相关的农村社会养老保险指导实施办法，明确了新农保经办机构，各乡镇场、各村各部门的工作职责，形成了权责明确、分工合理的工作机制，确保新农保工作的规范运行。

其次，在机构设置上，在乡镇劳动保障部门负责具体业务的基础上，乡镇政府设立新农保领导小组，小组成员分别为各村包村领导，负责所管村的新农保统筹领导。由统一集中在劳动保障部门缴费改为各村负责人统一收取，最后再统一上交到乡镇劳动保障所。统一招聘事业编制人员为新农保专干，专人负责新农保的收缴录入工作。

最后，在新农保政策实施的过程中，鉴于之前农保形式与实际经济水平之间的差距，在涉及补贴政策时，考虑到地方政府和农牧民的经济现状，国家针对偏远地区的经济财政补贴力度进一步加大，并且围绕政策实施的监督管理办法也得到加强。这使地方政府在推动政策实施方面，积极性普遍提高。①

---

① 王静伟. 转型期农村养老保险现状与对策探析——基于对襄阳市农村养老保险的实证调查[J]. 科技创业月刊, 2011, 24（13）: 81-82.

(三) 完善 Y 镇农村新农保制度的对策建议

每个地区都有自己独特的经济社会发展情况,需要根据地方特色,有针对性地进行农村新型养老保险制度的实施,明确新农保相关主体的责任和目标。由于新农保还处于不完善阶段,通过对 Y 镇现状、问题和影响因素的分析,可以发现该地区在农村养老保险实施方面是具有代表性的,因此,提出完善该镇养老保险制度的对策和建议,更好地推动新农保制度的健康发展,以期为新疆广大农村地区新农保的推进起到一定的参考借鉴作用。

1. 明确新农保政府责任目标,转变政府职能

面对复杂的经济环境影响,政府需要提供更多的新型社会服务,进一步明确各部门的责任,提高责任意识。现如今,中央及各级政府将建设服务型政府作为各级各部门的核心工作。为了进一步构建服务管理型政府,需要积极推行新的管理模式,以适应当前的经济形势。在推行新农保的过程中,中央政府、地方及个人,都需要适应新的责任范畴,形成高度统一的服务责任意识,切实将推行农保政策的顺利实施作为当前的主要工作,加强政府主动性和自觉性的培养,加强推进养老保险制度的深入实施。①

(1) 主动承担政府的组织责任。农村社会养老保险是一种准公共产品,提供公共产品是政府的基本职能,不过,现今由于农村的内部因素所限,新保险制度的组织并不是很顺畅,农牧民很难自觉地加入保险大营中来。政府对整体的领导、组织对于社会养老保险都是不可或缺的,政府如果采取强制政策,只会挫伤农民的积极性。所以地方政府要主动承担起组织责任,提高参保率,获得较高的效率,包括目标制定、保险的具体模式选择和体系设计等,都需要体现公平和效率原则,实现多样性和可选择性。

正确的舆论氛围可以帮助农村居民推进"新农保"政策的落实,政府应当起到组织宣传作用,除了常见的电视广播、报纸杂志、集中宣传等方式外,还可以建立成效反馈小组来现身说法帮助农牧民分析计算不同缴费档次享受到的不同待遇,引导农牧民持续关注当下保险制度。由于固有的传统思想忽视甚至抵制养老保障制度,当其中一部分居民参加并享有农村居民养老保障的成效后,

---

① 龙梦洁. 论农村社会养老保险中的政府财政责任——基于 1999~2003 年全国各省市面板数据的实证分析 [J]. 保险研究, 2009 (5): 64-68.

将其反馈于同村居民，对其他原先抱有怀疑态度的居民具有一定的激励作用。小组由已参保的同村居民组成，结合自身情况以鼓励、劝说、引导等形式消除农牧民对养老保障方面存在的误解，这种反馈机制不仅巩固现有参保人员的参保意识，而且还会提升未参保居民的参保热情。

（2）履行好政府的财政责任，多种模式进行筹资。政府为社会提供准公共产品及弥补市场失灵，是政府财政职能的重要形式。由于农村地区经济发展水平有限，如果养老保险基金完全由个人缴纳，其基金的规模有限，并且积极性必然不高，这对于农村地区的养老保险形势意义不大。从长远的发展方向来进行分析，政府补贴、集体补助、个人缴费三位一体，这必然有利于这项政策的持续稳定发展。政府要重视责任，采取多种模式进行筹资，充分发挥其他社会资本的作用。

（3）加大政府的监管责任。规范政府管理责任体现在制度的设计和贯彻检验，做好制度的监督管理工作，可以有效提高政府的行政管理效率，提高制度的社会效用。然而，当前农村地区保险制度的推行面临供给侧改革的经济转型窗口，其所面临的经济形势愈加复杂，这对于政府的监督管理的要求越来越高，也愈加体现了监督管理的意义。①

在 Y 镇，将新的农保政策的推进实施纳入政府的考核项目中来，对于促进政府职能部门管理人员的自觉性和主动性有着一定的现实意义。加强 Y 镇地区的配套制度建设，完善监督管理体系，能够最大程度上提高政府职能管理部门的管理效能。

（4）积极推进城乡统筹养老保险。如今，城镇的社会保障体系发展速度与农村的养老保险体系发展速度呈现出不同的变化情况，城镇的社保体系愈加完善和科学，而农村的农保事业却因为众多复杂因素影响，最终常常呈现出收支不平衡等问题。为了解决这种两极分化的发展情况，政府需要重新思考和探索城乡统筹养老保险的创新道路，逐渐消除不衔接、不统一、不公平的城乡差别养老体系，提升农村人口的养老保障水平，慢慢地降低与城镇的明显差异。

2. 优化新农保经办机构发展环境

（1）提高办事人员素质，合理安排人员。在培养培训机制上下功夫，注重加强新农保专干、村级协办员队伍建设，防止乡镇频繁更换经办人员，保持镇、

① 李中义. 农村社会养老保险制度建设中的政府行为重构[J]. 社会科学战线，2008（9）：94-99.

村级经办人员的相对固定。通过多种形式，加大对业务经办人员的培训力度，不断提高经办人员的业务能力和素质，提升农保工作人员的实际工作能力和效率。运用信息管理系统去处理和衔接不同管理部门之间的工作和沟通。同时，要完善工作人员的管理，实现专事专人抓，在工作中不断探索信息化管理的新方法。把业务考核与经办人员的晋升、绩效联系起来，设置经办人员资格考试，实行持证上岗。配齐配强镇村两级经办人员，村级经办机构要在原劳动保障事务站（所）的基础上，增设新农保岗位并配备或指定专职经办人员，每行政村不少于1人。①

（2）完善机构设置，加强基层新农保经办组织能力。Y镇领导小组下设办公室在劳动保障事务所，就新农保经办机构建设、工作经费保障等具体问题明确要求，形成工作合力，负责各项保险工作的推进和协调工作，与此同时，财政所、派出所等相关部门成员单位也应负起相应责任，分工合作，共同进行新农保工作的持续宣传和组织。建议设置完善村一级的新农保经办机构，同时作为镇一级的下属机构，承担相应的职责和职能，加大对村级硬件和软件的支持。

（3）设置资金监管阳光通道，确保资金透明化。对新农保收取的资金，尽量采取实时划转的方式，减少资金在新农保经办人员手中停留的时间，在实施新农保的缴费点，逐步改变农牧民的缴费方式，实现一卡通管理，在缴费形式上刷卡缴费，杜绝现金形式缴纳，对发票实行严格管控，做好登记与发放工作，实施资金发放"阳光通道"，每月或每季度在村公示，接受群众监督。对于违规领取，如死亡后不及时上报还继续领取养老金的，按法律严肃追查相关涉事者，严格管理参保人员的违法违规行为和现象。

（4）推进信息平台建设，提升经办机构信息化水平。新农保工作服务人群多，工作量非常大，只有依托信息化管理，才能高效、快捷、准确地为参保农牧民提供优质经办服务，真正提升新农保经办服务水平和工作效率。因此，建议加快新农保信息化建设进程，尽快完善新农保信息管理系统，尽快与其他相关的政府部门或者单位建立统一共享的平台管理系统，实现数据共享。在村级经办点提供必要的网络信息设施，真正实现农牧民在居住地便捷高效参保。②

---

① 樊小钢，陈薇. 我国农村社会养老保险中政府财政责任探讨［J］. 甘肃行政学院学报，2008（6）：57-63.

② 郝艳霞. 我国农村社会养老保障中政府责任的分析［D］. 吉林大学硕士学位论文，2008.

3. 提高农牧民参保的积极性

（1）加强参保意识，更新观念。在偏远的 Y 镇，因为自身内部的文化观念以及经济发展水平的影响，该地区的农牧民对于新的农保政策的接受程度普遍不高。对于多数农牧民来讲，参保最低档次的养老保险成为很多农牧民的选择。更新农牧民参保观念，坚定信心，努力提高村民参保意识和积极性，从而解除村民的思想顾虑，引导农民参保。

（2）提高续保率，促进养老基金保值增值。每年做好资金的公示，对连续参保的农牧民给予鼓励与奖励，对没有续保的农牧民做好登记统计，作为重点宣传对象，尤其是做好外出流动人口的续保工作，掌握其外出时间，提前安排好缴费时间。在 Y 镇，由于工业经济的发展比较薄弱，加强该地区的财政收支管理能力，对于持续的农保补贴政策的深入实施有着切实的现实意义。除了当前继续推行农业补贴政策之外，各级政府还应该在养老基金的管理环节提高基金的保值增值。比如，在旧的农保政策中，管理费用都要从养老基金中进行提取，一定程度上削弱了养老基金的支付能力，增加了养老保险推行的风险，降低了持续增长的能力。在新的农保政策中，加强专门账户的基金管理工作，加强专款专用的管理工作，并且要在此基础上，促进养老基金规模的保值和增值，增强农牧民参保的信心。

（3）拓宽基金渠道，减轻农牧民负担。针对农牧民收入来源不稳定、收入偏低的现象，一方面，可以对他们进行相关职业技能培训，达到高产高效的目的，鼓励农村青壮年劳动力转移，鼓励年轻人依靠自己的努力和勤劳去创造更多的收入来源。另一方面，对于那些确实需要政府支持或者帮助的农牧民家庭，可以引入专项扶助资金或者社会资助的慈善资金，帮助有困难的底层民众减轻一点负担，帮助他们获得更好的社会保障。

六、城乡居民养老保险合并过程中出现的问题对策分析

城乡居民养老保险合并是我国基本养老保险事业中迈出的重要一步，并不是意味着城乡居民养老保险问题已经解决，城乡居民养老保险合并过程中仍存在诸多问题亟待解决。

本书从法制建设方面、政府责任方面、提高机构管理水平方面、促进基金保值增值方面及提高居民参保档次方面提出了相关建议。

（一）加强城乡居民养老保险法制建设，制定相关实施细则

1. 加强城乡居民养老保险的法制建设

一项制度的运行与发展必须要有法律作为依托，才能保障制度长期、有效、规范地运行。因此，城乡居民养老保险制度的发展也需要法律法规作为其强大的后盾，使城乡居民养老保险制度能够有法可依、有章可循。首先，应当建立城乡居民养老保险制度实施的具体办法，明确工作的原则、目的以及各方的权利与义务，为城乡居民养老保险的合并工作提供必要的遵循章程。其次，还应完善地方工作的法规建设，因为终究还是要靠地方政府来具体实施城乡居民养老保险工作，所以应鼓励地方政府结合地方情况和中央的指导意见完善本地的保险法规建设，形成养老保险纵向一体化的法律体系。

2. 制定实施细则

首先，对各项规定做出具体的解释，把模糊的字眼具体化，例如，对"基金按照国家统一规定投资运营"，需要附上具体的有关规定以及投资规则；其次，针对实际操作过程也要做出详细的规定，例如在政策实施过程中可能会遇到"低保"和养老保险能否同时享受的问题，应对此类问题做出明确的回答，以避免各地区出现政策不一的情况，本书认为养老保险和"低保"是可以同时享受的；最后，也应注意政策在实施过程中可能产生的连锁反应，加强与其他保障政策的配合，可针对实际情况具体灵活应对。

（二）发挥政府主导作用，协调各级政府财政责任

1. 发挥政府在城乡居民养老保险工作中的主导作用

政府是公共物品和公共服务的供给者，也是城乡居民养老保险工作的责任主体。政府应当在城乡居民养老保险工作中承担起制度支撑、基金管理及各项工作的组织和监督等责任。在政策方面，政府应深层次分析地方经济发展水平、

物价水平和居民的消费观念等因素，建立明确的、对居民真正有利的社会养老保险体系；在管理方面，政府应确立自身管理责任，积极做好城乡居民养老保险经办机构的配合工作，建立完善的管理机制。另外，应当完善政府与居民间的沟通机制，政府应当树立良好的亲民形象，主动拉近与居民间的关系，减少居民与政府间的距离感。可以建立多种有效的沟通渠道，例如设立针对农村居民的政策解读小组，对于对政策理解能力有限的偏远地区农村居民，设立专门的政策解读小组有利于农村居民接纳各项政策和促进政策的顺利开展；设立居民政策反馈小组，了解居民对政策的态度及接纳程度，及时解决存在的问题。政府与居民良好的沟通不仅能够大力推动养老政策的实施，还能增加居民对政策的敏感度，提高居民的参与积极性。

2. 政府积极履行监管责任

政府部门应当重新划分在地区养老保障制度中各组织的责任领域，明确工作人员的权利和义务，提高工作人员工作效率，避免工作重叠、推诿责任等情况发生。还应当加强构建服务型责任政府，培养政府自觉性，增加政府使命感和责任感，一切以人民为主，大力推进养老保障制度的深入发展。最后，政府要建立完善的监督机制，建立一个上下级监督、媒体监督和公众监督的多元化监督体系，鼓励积极对违法乱纪行为进行举报，建立一个良好的参保环境，从而保障城乡居民养老保险制度的有效实施。

（三）加强经办人员培训，提高经办机构管理水平

1. 加强对基层经办机构人员的培训

城乡居民养老保险的合并给经办机构带来了更为繁杂的工作内容，这就要求经办人员有着更高水平的服务能力和更高质量的管理水平。因此，需要加快经办机构人才培训体系，提升基层经办机构管理服务能力，为城乡居民养老保险合并工作的健康发展提供强有力的人才支持。社会保障服务能力水平对城乡居民养老保险的合并和相关政策的实施至关重要，合并的效果也要体现在经办服务质量提高方面，所以，需要加强对经办人员的培训来提升经办机构服务质量，特别是把基层经办服务资源整合水平放在重要位置，使居民得到更为方便

的服务效果。[1] 例如，最基本的一点就是确保参保居民的基本信息的完备和准确，并快速准确地完成收费、统计、核算和发放养老金等。因此，对经办人员应根据相关新政策进行实时解读学习，定期实施服务培训，并建立服务水平考核机制，来切实增强经办人员服务质量和管理水平，从而助力城乡居民养老保险合并工作。

另外，精简经办机构的办事程序是提高办事效率的途径之一。在存在较大语言沟通障碍的新疆农村地区，除了培训工作人员学习当地居民通用语言之外，还应当简化办理业务的烦琐程序，以防农村居民在办理养老保险业务时失去兴趣和耐心。精简办事程序不仅能提高办事效率，还能在一定程度上节省人力物力，让工作人员看起来更干练可靠，增强农村居民对经办机构的好感度，促进居民参保积极性。

2. 优化养老保障经办机构的软硬件设施

养老保障经办机构软件设施含有经办行业管理规范、经办机构内部制度、工作人员等内容。首先，应当优化经办机构的行业管理规范。在地区范围内，制定统一的养老保障经办机构管理规范，科学设置经办机构办理业务的相关程序和岗位，统一经办机构关于办理养老保险业务的登记、申报、缴费、关系转移等环节的规定。其次，加强养老保障经办机构内部制度建设。针对养老保障业务工作的特点，按照科学性、适用性、系统性原则，加强相关制度建设。完善经办机构内部民主集中制度、人事管理制度、业务经办制度、财务管理制度、考核制度等。最后，建立学习型组织[2]，加强对工作人员的培训，提高工作人员的专业素养，督促工作人员学习养老保险相关领域的业务知识，增强工作人员办理业务的熟练度，使工作人员了解农村地区的文化、生活环境并能够与农村居民无障碍交流。

优化经办机构的硬件设施对于推动养老保障制度也有一定的影响。在专门建立养老保障经办机构的前提下，选择好经办机构的地理位置是关键。新疆地缘辽阔，农村占地面积比较大，养老保障经办机构应当建立在合理的位置。既不能太远离村民住宅，又不可以太邻近村民住宅，要选择合适的地理位置建立专门的农村养老保障经办机构，一是要确保与村民的亲密度，二是要确保

---

① 胡晓义. 我国社会保障发展进入新阶段 [N]. 人民日报，2012-05-15 (007).
② 李志洪. 加快城乡居民养老保险的经办机构能力和服务体系建设 [J]. 统计与管理，2015 (1)：108.

自身的权威性。还应当置办优良的办公设施，为农村养老保障经办机构配备电脑、打印机、复印机、传真机等必需的办公设备，这不仅能增加办公人员的工作积极性，提高工作效率，而且可以增强农村居民对经办机构的认可度和信任感。

3. 建立健全城乡居民养老保险信息网络体系

杨燕绥认为，城乡居民养老保险合并工作最大的难点并不是在政策上，而是在信息系统上。[①] 为了有效提高经办机构的服务能力，提升管理质量，需要加快城乡居民养老保险信息化建设，实现城乡居民养老保险信息共享。各地区可以根据共享的网络信息平台对城乡居民养老保险基金进行统一的规划和管理，使居民也可以在足不出户的情况下得到专业化的信息服务。城乡居民养老保险信息网络平台建设需要兼顾制度和技术，从而着力提高经办机构的运行效率。将城乡居民养老保险信息网络体系的建设和经办机构管理体制的改革进行综合考虑，构建一个动态性、开放性、长期性和兼容性的统一社会保障信息化平台。

（四）筹资渠道多元化，实现基金的保值增值

1. 加大国家对养老保障基金的财政支出力度

上文中已经提到提供公共产品和公共服务是政府的主要职能，所以，国家财政在农村养老保障制度中发挥着极其重要的作用。为推动农村养老保障制度更完善、更全面的发展，必须依靠国家财政的大力支持，国家应该相应调整总体财政支出的结构和比例，加大对农村地区社会养老保险资金的投入力度。因此，增强国家财政对农村社会养老保险的支持力度是筹集农村养老保险基金的首要渠道。

2. 以税收支持社会养老保障经费的筹集

自从我国税收制度改革以来，税收总额一直保持较快的增长速度，依据统

---

① 王小春，苑帅民. 新型农村社会养老保险制度可持续性评价指标体系研究 [J]. 社会福利（理论版），2013（5）：32-38.

计数据分析，国家年税收总额平均增长速度保持在 10% 左右①，由此可见我国税收征收仍存在较大潜力，税收变通，即划分专门款项支持农村养老保障的基金筹集也是有效途径之一。国家可以从营业税、消费税、企业所得税等税种中采取变通方式进行融资，在总财政收入中，按照一定的比例拿出一定的款项，定期划拨进入农村养老保险专项基金当中，当作农村养老保险基金的固定来源。

中共中央办公厅、国务院办公厅印发了《国税地税征管体制改革方案》，明确自 2019 年 1 月 1 日起社会保险费由税务部门统一征收，费改税将正式施行。社保税是指将社保基金由"收费"改成"收税"的形式，目的就是要运用税收手段解决收入分配差距问题，税收手段的强制性、无偿性和固定性的特点能够保证社保全覆盖，进而夯实我国社会保障制度的基石。一旦叫税，列入税法，由税务机关征收，执法力度增加，有利于公平分配。第一，缴税的人多，社保资金增加；第二，一旦入国库返还通过正规渠道返回，比费用返回和使用更好，大大加强了养老保险基金的筹资力度。

3. 利用非政府组织筹集养老保险资金

第一，可以通过慈善组织来筹集养老保险资金，慈善事业是构建和谐社会的重要力量，社会慈善事业有利于促进城乡、地区、民族间的和谐发展，慈善事业更是健全社会保障体系的不可或缺的方面。据民政部门数据统计，截至 2014 年底，全国共建立经常性社会捐助工作站、点和慈善超市 3.2 万个，全年各地共接收社会捐赠款物 604.4 亿元，其中民政部门直接接收社会各界捐款 79.6 亿元，各类社会组织接收捐款 524.9 亿元。② 可见，社会慈善事业在社会公益事业中发挥的作用不容小觑。因此，应完善我国慈善事业发展的法律建设，完善社会捐赠免税减税政策，增强企业参与社会公益的责任心，激励社会力量对社会公益事业的投入，建立用于农村社会养老保险的专项资金，为农村社会保障注入充足的资金。

第二，可以通过发行社会福利彩票来筹集养老保险资金，据民政事业发展统计报告，2014 年中国福利彩票年销售额 2059.7 亿元，比上年增加 294.4 亿元，同比增长 16.7%，通过数据不难看出，社会福利彩票销售额一直保持较高

① 陈珊珊. 农村社会养老保险经费多元解决途径探讨 [J]. 经济管理（文摘版），2016（4）：7.
② 熊樱，肖姣. 农村社会养老保险基金筹集渠道探析 [J]. 云南财经大学学报（社会科学版），2010，25（4）：125-126.

的增长率，可见通过发行社会福利彩票筹集社保资金具有较大的发展空间。政府可以增加彩票的发行量，对彩票资金进行有效管理，将一定比例的资金用于社会养老保险经费的筹集，减轻国家财政负担的同时将进一步促进社会养老工作的稳步发展。①

4. 土地资本化筹集农村养老保障基金

把转让承包土地的收益当作农村养老保险补助基金。按照相关规定，农村人口只有在未满 60 岁时参保，才可在 60 岁以后领取养老金，又因为个人账户的积累余额决定养老金数额，当这一方案实施时，已达 60 岁的农村居民没有纳入这一体系当中，已超过 40 岁的农村人口投保时，也极有可能因其投保年限较短使养老金积累不足。因此，为了弥补这种不足，年满 60 岁的农村老年人口应当选择退出其责任田和口粮田，他们养老保险基金的来源为农村公益基金、老年人口原服务的未实行退休金制度的乡镇企业提留以及老年人口让出土地承包地由转包者上交集体的"承包费"。补助金的发放标准由地方自己制定，原则上应该超过老年人口耕种承包土地的收入。此项保险可先以农村为单位实行，条件具备后，逐步过渡到乡镇统筹或县统筹。②

5. 实现城乡居民养老保险基金的保值增值

基金的运营是对实现居民养老保险基金保值增值的必要手段，也是实现老年居民有钱养老的重要保障。③ 实现养老保险基金的保值增值，应当着手建立完善的基金运营机制。加强经办机构的责任意识，主动担负农村养老保险基金保值、增值的责任，不仅要确保农村养老保障基金的完整和安全，还要对基金进行科学合理的配置，保证收益最大化。④ 应当建立法律约束下的多方利益协调统一的、相互制衡和监督的、具有激励机制的运营机制⑤，充分调动机构与

① 陈敏妍，许嘉明，黄涛，朱丽曼，朱嘉浩，杨礼琼. 我国农村养老保险基金筹集的扩充渠道研究——以潮州湘桥区为例 [J]. 改革与开放，2012（8）：49-50.
② 陈永婕. 农村社会养老保险基金多渠道筹集探讨 [J]. 广西财政高等专科学校学报，2003（3）：38-42.
③ 沈澈，邓大松. 个人账户基金投资运营路径设计——基于全国社保基金成功经验的借鉴意义 [J]. 东北大学学报（社会科学版），2013，15（3）：288-293.
④ 孙娜，刘政永. 河北省社会养老保险基金保值增值研究[J]. 合作经济与科技，2014(3)：106-107.
⑤ 马伟. 新型农村社会养老保险基金保值增值问题研究 [J]. 西安交通大学学报（社会科学版），2012，32（5）：55-60.

工作人员的积极性、自觉性，加强个人账户基金的投资监管力度，遏制农村养老保险个人账户基金运营过程中由于委托代理关系信息不对称造成的代理人道德风险。在基金管理方面，积极推进养老保险基金的市场化运营，在运营前期，应对投资风险进行识别、评估和预警，建立风险规避机制。结合风险规避机制可进行多渠道投资，养老保险基金除了用于银行存款和购买国债外，还可用于投资实业，来分散通货膨胀的风险，从而提高收益率。另外，全方面提高经办人员的综合素质，提升服务质量，实现城乡居民养老保险基金的保值增值还要确保养老保险基金内部安全性，需要完善养老基金的监管体系，强化内部的监督管理。

目前城乡居民养老保险基金的统筹层次较低，难以形成相对庞大的基金规模，管理成本也较高。因此提高城乡居民养老保险基金的统筹层次有利于形成较大的资金流，可以实现大规模基金投资运营，统一管理能够节约管理成本也可利于各地区养老基金之间的互济与联动。提高养老保险基金统筹层次也是一种有效缩小地区差距的管理手段。当下，我国的养老保险基金统筹层次仍然处于低级统筹，离实现省级统筹乃至全国统筹还有很长的一段距离，同时需要经济和制度的支持。在养老基金的统筹层次方面，可以先将基础养老基金进行高层次统筹，在基础养老基金差距缩小的过程中，逐渐推进其他养老保险基金的统筹层次。

（五）提升居民参保意识，完善参保激励机制

1. 拓宽居民收入途径、提升居民参保意识

经济基础决定上层建筑。农村居民的收入相对较低，经济能力相对落后，是阻碍农村居民养老保障制度顺利进展的重要因素之一。应当全面鼓励农村居民拓宽收入途径，提高自身经济能力，从而提高农村养老保障参保率。第一，从国家层面分析，我国除去对农村生产和农林水利气象等部门的支出之外，专门用于农村的财政支出远少于其他方面的财政支出，农民对农业的支出高于国家对农业的投入，造成农民收入与产出不平衡现象，所以，应当适当加强对农村建设的财政支出，从根源提高农民收入。第二，应当加强对农村居民的素质培养。加强农业应用技术教育和其他技术培训，扩大农村居民享受高等教育的普及范围，鼓励农村剩余劳动力向第二产业、第三产业转移。也可鼓

励农村居民利用当地特色农产品，采取农业产业化经营模式，增加收入。第三，完善农村基础设施，政府可以利用农村多余劳动力兴建水利、道路工程，一方面改善农村居民生活环境，另一方面为农村多余劳动力提供就业机会，增加农村居民收入。

对于居民参保意识方面来说，由于居民对养老保险还存在信息不足的情况，加上对制度政策的不了解，就容易受他人行为的影响，进而产生跟风不参保或跟风退保的现象。因此，要加大政策宣传，进行政策解读让居民了解到制度的具体情况，真切体会到参保可以带来的好处，从而消除参保的顾虑，进而充分调动居民参保的积极性。可以采取灵活的宣传形式，来加强城乡居民养老保险具体政策的宣传，提升居民的参保意识。采取在村镇或社区等人流密集的路口张贴标语、悬挂横幅和张贴宣传海报等方式来营造浓厚的养老保险政策宣传氛围；同时在地区街道办事处开展城乡居民养老保险政策学习讲解活动，使居民真正认识城乡居民养老保险；另外，利用报纸、广播和电视等传播媒介加强对城乡居民养老保险政策宣传的力度，从而使城乡居民养老保险政策深入人心，进而提高居民的参保意识。

2. 完善参保激励机制，提高缴费档次

要尽快建立加强居民参保激励机制，居民的参保积极性提高，才能维持社会保障事业的长效发展。参保居民更多关注的是自己最终能够拿到多少养老金，因此，首先要关注参保居民的理性诉求，营造一个良好的参保环境。政府在进行政策建设时，应做到真正保障参保居民的基本生活要求，进而提高居民参保积极性。

在政策方面，可建立"多缴多补"和"长缴多补"的措施。地方政府可根据当地状况设置不同标准，增加对其养老金的补贴，例如，对于选择缴费档次1000～2000元的，每年可补贴10元，对于选择2000～3000元的缴费档次的，每年补贴20元。鼓励参保居民长期缴费，可从参保居民缴费第16年开始，每年给予50～80元的补贴。在增加补贴水平的同时也鼓励居民选择较高档次的缴费水平，有助于居民日后能够领取到更多的养老金，并且要建立长效补贴机制，使居民可以更放心地选择多缴长缴。

七、本章小结

首先，本章在对第六次全国人口普查数据进行总结归纳的基础上，对新疆地区人口老龄化趋势进行了阐述，进而概括了新疆农村居民养老保障现状及问题并分析其相应原因；其次，阐述了农村养老保险制度的发展历程，主要为新疆"老农保"的发展历程、新疆新农保的发展历程及新老农保对比分析，同时提出新农保是否有利于农村居民生活水平的改善的问题，根据数据分析得出相应结论；再次，具体分析了 X 市 Y 镇新农保政策实施的一个案例，阐述了 Y 镇新农保政策实施的现状以及取得的成效，指出问题并提出相应解决对策；最后，针对自城乡居民养老保险合并以来出现的一系列问题及原因，提出了相关对策意见。对新疆农村养老保障制度的研究，能够为今后的城乡居民养老保险制度的发展做出理论尝试，并给予理论方面的指导，作为相关部门具体工作时的参考。

第五章　新疆维吾尔自治区城乡居民基本医疗保险制度建设研究

一、新疆维吾尔自治区城乡居民基本医疗保险制度建设状况分析

新疆维吾尔自治区农村居民社会医疗保险制度建设历程包含以下五个阶段：

(一) 新疆维吾尔自治区农村医疗制度的形成阶段 (1959~1978 年)

1959 年新疆建立以公社为单位的医管会合作医疗组织，首先在麦盖提、吐鲁番两县开展农村合作医疗试点工作，1959 年末时医管会社员按一定分配标准及家庭人口数向医管会交纳合作医疗费用。另外，公社会从公共资金中拿出一部分作为补助填充到合作医疗基金里面，由医管会统一管理，医管会用于医疗的资金占合作医疗基金的 60%，剩余部分基金将用于支付医务人员的工资和相关费用、采购和医疗设备。公共合作医疗使参保人员享受到基本的公共医疗卫生服务，而且减轻了参保患病者的家庭经济负担，解决了参保人员看病贵、买不起药品的问题。鉴于试点县工作取得的丰硕成果，全疆各地大力学习借鉴试点县的经验开展农村合作医疗工作，1965 年包括喀什、和田、阿克苏、克孜勒苏和昌吉 5 个州的 15 个县及 48 个地区的人民公社实行了合作医疗，并且各人民公社的合作医疗点在管理上也逐渐达到成熟。

具体管理实施的办法有：各个公社组建由公社内党政领导、贫协、卫生机构和各大队代表组成的医管会。各大队由行政首长负责（公社党委书记或公社社长）管委会的各项工作，定期召开会议商讨合作医疗工作的运作状况，并及时向广大社员宣讲实施政策，对于运行当中存在的问题不断征求广大社员的建议及意

见。以公社为单位管理核算合作医疗经费，首先要保证药品材料及卫生人员的正常费用开支，严格按照勤俭节约的管理原则，对经费账目进行日清月结，并定期公布费用结余随时接受群众的监督。由于农村基层公社卫生院的经费主要以自筹为主，所以国家每年一定数目的卫生事业经费补助只起到一定的辅助作用。

由于合作医疗制度适应了当时新疆农村卫生医疗状况的发展情况，党和政府通过制定相应的政策为农村医疗卫生服务提供了很多支持，新疆合作医疗制度迅速发展起来。1976 年，全疆 97.5%的公社实行了合作医疗制度，其中吐鲁番地区、和田地区、博尔塔拉蒙古自治州及乌鲁木齐市实行合作医疗的公社占比达到 100%。到 1977 年底，全区实行合作医疗的大队数目稳定在 97%左右。1979 年新疆有 97%以上的行政村建立了低水平的合作医疗制度，初步解决了农民看病难和没钱看病的问题，基本满足了广大农民低水平的医疗需求。

（二）新疆维吾尔自治区农村合作医疗制度的衰落阶段（1979～1992 年）

1979～1982 年，受到当时政治形势大环境的影响，全疆多个地区合作医疗出现了停办或解体的现象。[①] 为缓解当时存在的矛盾，新疆维吾尔自治区向全疆下发了关于农村合作医疗制度发展的指导方法，提倡多形式提供医疗服务，各地应根据当地农牧民的分布状况，调查当地农牧民的医疗意愿和需求，给出相应的医疗服务解决措施，大力推进并不断完善合作医疗制度。这一通知肯定了坚持合作医疗制度的正确性，指明了各级卫生基层组织的发展方向。喀什地区 1989 年医疗卫生统计数据显示，全地区 147 个乡镇中有 77 个乡镇已经恢复了合作医疗，占喀什地区乡镇总数的 52%，工作进展较快，其中麦盖提县坚持实行合作医疗制度 31 年，参加合作医疗的人数占全县农业人口的 95%以上。1991 年 10 月，新疆维吾尔自治区人民政府在喀什地区的麦盖提县召开了全疆初级卫生保健工作经验交流会，同时，哈密、博乐、伊宁、鄯善、阿图什等县市也学习了喀什地区的先进经验，积极响应了政府号召，开始在部分乡进行合作医疗的试点工作，恢复了合作医疗制度，结合当地实际发展状况，不断探索，逐步实现其他地区的覆盖。截至 1993 年初，新疆已经恢复合作医疗的行政村占新疆的 39%，合作医疗制度发展前景一片光明。

---

① 石秀和．中国农村社会保障问题研究 [M]．北京：人民出版社，2006：191.

（三）合作医疗的第三次兴起及其问题分析（1993~2002年）

在1994年，新疆维吾尔自治区政府及时召开了关于全疆的卫生工作会议，要求各地州把恢复和重建合作医疗作为重点工作提到工作日程上来，坚定不移实施合作医疗制度。截至1998年初，南疆农村合作医疗得到了较稳定的恢复和发展，覆盖率达到67%，远远超过仅为39.45%的全疆覆盖率。[①]

回顾合作医疗制度的发展历程，合作医疗制度难以为继存在着多方面的原因。从经济原因分析，关键问题是资金不充足。从管理制度来看，医疗资金管理不规范问题始终存在，最终导致群众缺乏信任感。虽然40多年来新疆的合作医疗制度运行存在着很多问题，但农村各族干部、群众为办好合作医疗付出了很多心血，并积累了丰富的经验，尤其麦盖提县坚持合作医疗几十年不动摇，它所创立的资金征集方法以及分段报销方法都在新型农村合作医疗制度的实施中得到了有效发挥。

（四）新疆维吾尔自治区新型农村合作医疗制度（2003~2015年）

（1）新型农村合作医疗制度实施初期阶段。2002年10月，中共中央、国务院发布了《关于进一步加强农村卫生工作的决定》（以下简称《决定》），其中关于建立以大病统筹为主的新型农村合作医疗制度，有效弥补了当时医疗保险水平低的缺陷，该《决定》要求到2010年，应实现初级卫生保健的全覆盖，主要健康指标应在发展中国家处于领先地位。当时新型农村合作医疗制度正处于实施的初级阶段，国家通过正式发文，首次在合作医疗制度管理机制和筹资机制等方面提出了各种措施，并提出2003年各地区应根据区域发展状况，积极开展新型农村合作医疗制度的试点工作，推动农村合作医疗制度的稳步发展。

（2）新型农村合作医疗制度全面推进阶段。在全面推进新型农村合作医疗制度阶段，新疆维吾尔自治区政府和有关部门紧跟国家政策发展的步伐，出台了多个医疗保险制度相关文件，制定不同的补偿标准以适应不同地区的不同发展状况，充分利用乡、村两级医疗卫生服务机构的医疗服务资源，满足农村居民的医疗需求，通过一系列改进和规范化的管理，使基金得到了充分有效的利

---

① 石秀和．中国农村社会保障问题研究［M］．北京：人民出版社，2006：191．

用，提高了医疗保险基金的效益。2007 年，根据《少数民族事业"十一五"规划》中农村卫生服务体系建设、新型农村合作医疗制度建设等方面要加大对民族自治地方的倾斜力度的要求，新疆维吾尔自治区调整了新农合的缴费标准，由原来的每人每年 50 元提高至每人每年 100 元，同时中央和地方财政也增加了医疗补助金额，对参合农民的补助标准也提高至 80 元。数据统计显示截至 2008 年底，新疆新型农村合作医疗已基本实现覆盖，新型农村合作医疗覆盖新疆农牧业人口 1005 万人，参合人数约 950 万人，参合率高达 94.47%。① 新农合制度的发展已经日渐成熟，制度框架和运行机制已基本形成，农民的防范风险意识有所提高，自我保健意识和自我保护能力得到增强，农村的社会保障制度的推行渐入正轨。

（3）新型农村合作医疗制度完善阶段。在新疆新型农村合作医疗制度的完善阶段，政府针对新农合运行过程中出现的问题采取相应的措施进行完善和发展，也在一定程度上提高了农牧民的收益水平，新型农村合作医疗制度的管理机制日渐成熟也更加规范，统筹补偿方案也得以不断优化和完善，选择部分地区开展以地州级为统筹层次的试点工作，以实现农民工参加新型农村合作医疗制度的目的。

2009 年，按照《中共中央国务院关于深化医药卫生体制改革的意见》，新疆巩固和完善了现行的新型农村合作医疗制度，并对各行政村村级卫生院、计划生育服务中心的基础设施进行更新完善，医疗条件有了明显的改善，有利于全区医药卫生事业的健康发展。

2010 年，新疆各地区基本上已初步建立起新型农村合作医疗保障制度，个人筹资标准为人均 150 元，南疆克州、喀什、和田等地区的农民缴费标准为每人每年 10 元，中央及地方财政人均每年补助 120 元，在乡镇级别驻点医疗机构，参合农民最多获得 90% 的医药费用报销。新疆维吾尔自治区政府为进一步推进新型农村合作医疗的发展，特推出了一些具有地方特色的规定，其中包括新型农村合作医疗对象的覆盖范围：凡属新疆及新疆外农村户籍，在新疆农村地区居住期满 5 年以上，从事农林牧渔业生产活动及以这些为谋生手段且并未纳入任何社会基本医疗保障范围的人员，都可以以家庭为单位，在居住地参加新型农村合作医疗。新型农村合作医疗基金的筹集标准为每人每年 160 元，其中包含中央财政补助 60 元、新疆维吾尔自治区财政补助 60 元、县财政补助 10

---

① 2007 年自治区国民经济和社会发展计划执行情况及 2008 年计划草案的报告［N］．新疆日报，2007-11-15.

元以及农民自缴 30 元。新型农村合作医疗的住院补偿标准为乡（镇）卫生院住院费用起付线为 80 元，超过 81 元且在药品目录内的用药按照药品费用的 80% 报销，报销部分由乡（镇）卫生院直接垫付；县级医疗机构住院费用起付线为 200 元，超过 200 元且在药品目录中的用药按照药品费用的 65% 报销，报销部分由县级医疗机构直接垫付。在大病医疗的报销补偿方面，新型农村合作医疗参保的农牧民单次住院所发生的医疗总费用在 40000 元及以上的，可根据合作医疗特殊大病救助补偿标准进行报销补偿，并对住院可补偿费用中未予补偿费用的部分进行救助，每人每年可以救助一次，最高救助金额不超过 10000 元。截至 2010 年底，全疆已有 89 个市参加了新型农村合作医疗，参合农民人数为 993.57 万人，参合率高达 97.25%，平均补偿比率为 49.22%。

自 2011 年 1 月起，新疆维吾尔自治区共拨付村医补助资金 4177 万元，发放新型农村合作医疗补助资金 12.22 亿元，并将新型农村合作医疗中的政府补助标准提高到人均每年 200 元。各类基本和重大公共卫生服务工作有序推进，基层医疗卫生机构、精神卫生防治机构和农村急救中心条件普遍得到改善。截至 2011 年底，新型农村合作医疗制度已覆盖全区农牧业人口 1054.18 万人，参合人数为 1051.05 万人，参合率稳定在 99.7%，且年人均筹资达到 239.1 元。[①]

2012 年，新疆新农合参合率继续保持在 99.7% 以上，年人均筹资水平达到 318.62 元，政策范围内的住院费用补偿比例提高到 77.42%，最高可支付限额提高至 6.37 万元。同时，新疆在和田地区、阿克苏地区、哈密地区、伊犁哈萨克自治州和乌鲁木齐市五地通过建立商业补充医疗保险机制和自治区统筹基金等形式，开展了新农合大病商业补充医疗保险试点工作，进一步强化了新农合风险保障机制。此外，新疆新农合试点将肺癌等 12 种疾病纳入新型农村合作医疗制度的重大疾病保障范围，患有这些疾病的参合农牧民在规定的医疗机构就诊，可以得到 70% 的定额医疗费用补偿。

（4）新型农村合作医疗制度城乡统筹发展阶段。2014 年，新疆维吾尔自治区卫生工作暨深化公立医院改革工作会议召开，新疆通过扩大门诊统筹范围来进一步提升新农合制度的保障能力，并建议各地探索将慢性病门诊费用的补偿机构由乡镇级扩充到符合条件的县级医疗机构的方法。同时，要求提高新农合基金用于门诊补偿的比例和新农合的统筹层次，选择 1~2 个地区开展地（州、市）级统筹试点工作。全面推进 22 类重大疾病医疗保障工作，进一步提高实际

---

① 详见 http：//www.xj/vst.gov.cn/nry.jspur1type = iiews. NewsContentUr1&wbtreeid = 10551&/vbne/vsid = 5067. 2011-7-15。

住院补偿比率，并不断扩大救治范围，将所有符合救治条件的县级医疗机构都纳入重大疾病定点救治的医院行列。同时，为进一步丰富医疗资源，将社会资本办医纳入区域卫生规划和医疗机构设置规划来进行统筹考虑，这既保障了患者更多的选择权利，又引导了医疗行业的良性竞争。

2015 年新疆新农合人均筹资标准提高至 460 元，重大疾病的保障范围在 2014 年 22 类 54 种疾病的基础上，又增加了 10 种疾病类型。同时 2015 年还制定出台自治区新农合大病保险补偿政策，2015 年新疆新农合政策范围内住院、门诊费用报销比分别为 75% 和 80%，住院实际报销比达到 65%，这逐步缩减了新农合政策报销比和实际报销比之间的差距。新疆还加快推进了新农合的支付方式改革，完善了新疆维吾尔自治区范围内新农合异地就医即时结报制度，并委托商业保险机构经办新农合服务工作，加强了新农合基金的监管，提高了基金使用效率。新疆新农合制度发展探索及历史演进如表 5-1 所示。

表 5-1　新疆新农合制度发展探索及历史演进

发展阶段	时间	政府政策	具体内容
新农合 实施初期 阶段	2002 年 10 月	中共中央国务院《关于进一步加强农村卫生工作的决定》（中发〔2002〕13 号）	逐步建立以大病统筹为主的新型农村合作医疗制度；2003 年新疆开始试点新农合
	2004 年 4 月	《新疆城镇职工基本医疗保险制度改革总体规划的通知》（新政发〔2004〕30 号）	制定新农合的管理、目标、筹资标准等，逐步建立以大病统筹为主的新农合制度
	2005 年 12 月	《关于进一步加强新型农牧区合一巩固和完善新农合试点的通知》（新政发〔2005〕19 号）	巩固和完善新农合试点，建立科学规范的运作模式，扩大受益面，提高受益率
	2006 年 1 月	《关于新疆新农合补助资金的解决方案》	降低南疆三地州参加新农合的筹资标准
新农合 全面推 进阶段	2008 年 4 月	《关于全面加强新疆农牧区合作医疗制度建设的意见》（新政发〔2008〕28 号）	调整补贴方案，提高补偿费用标准，开展城乡统筹试点
	2008 年 11 月	《新疆维吾尔自治区新型农牧区合作医疗门诊统筹指导意见（试行）》（新农发〔2008〕32 号）	引导参合农牧民有病早治、合理就医，开展"门诊统筹+住院统筹"的双统筹补偿模式
新农合 完善阶段	2009 年 1 月	《关于新型农村合作医疗的指导工作意见》（国家卫生部）	建立稳定的筹资制度，合理的补偿，严格管理机制

续表

发展阶段	时间	政府政策	具体内容
新农合 完善阶段	2010 年 2 月	《新疆维吾尔自治区新型农牧区合作医疗补偿办法（试行）》（政发〔2010〕99 号）	年人均筹资标准不低于 150 元，将新农合补偿模式统一为"住院统筹+门诊统筹模式"
	2011 年 7 月	《关于进一步做好新疆维吾尔自治区新型农牧区合作医疗有关工作的通知》（新卫农卫发〔2011〕12 号）	提高筹资水平，优化统筹补偿方案。提高保障水平，扩大重大疾病保障试点工作
	2012 年 8 月	《关于调整和完善新疆维吾尔自治区新型农牧区合作医疗补偿办法的通知》（自治区卫生厅、财政厅、民政厅、保监局联合发）	新农合补偿模式调整为"门诊统筹+住院统筹+大病统筹"，门诊统筹、住院统筹和大病统筹基金可互相调剂使用；参合人员患特殊重大疾病单次住院医疗费用超过 3 万元以上，即可启动大病统筹基金阶段
新农合 城乡统筹 发展阶段	2013 年 2 月	新疆维吾尔自治区卫生工作电视电话会议	2013 年新疆在认真做好新农合"门诊统筹+住院统筹+大病统筹"补偿模式的基础上，积极推行地市级大病统筹试点工作，推进商业保险机构参与新农合经办服务，开展利用新农合基金购买大病保险试点
	2014 年 2 月	新疆维吾尔自治区卫生工作暨深化公立医院改革工作会议	新疆将持续巩固发展新农合制度，完善新农合筹资机制，将新农合人均筹资标准提高到 400 元，提升农牧民受益水平。 进一步提升新农合制度的保障能力，将进一步扩大门诊统筹范围，提倡各地探索将慢性病门诊费用补偿机构由乡镇级扩大到符合条件的县级医疗机构。 提高新农合统筹层次，选择 1~2 个地区开展地（州、市）级统筹试点工作。全面推进 22 类重大疾病医疗保障工作，进一步提高实际补偿比；扩大救治范围，

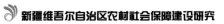新疆维吾尔自治区农村社会保障建设研究

续表

发展阶段	时间	政府政策	具体内容
新农合城乡统筹发展阶段			将符合救治条件的县级医疗机构纳入重大疾病定点救治医院范围。在全区全面展开新农合大病保险试点工作，到6月底前，全区所有地州市启动新农合大病保险试点工作
	2015年1月	国家卫生计生委、财政部《关于做好2015年新型农村合作医疗工作的通知》（国卫基层发〔2015〕4号）	一是提高新农合筹资标准。2015年，各级财政对新农合的人均补助标准在2014年的基础上提高60元，达到380元。农牧民个人缴费标准在2014年的基础上提高30元。二是增强新农合保障能力。三是推进重大疾病保障工作，完善大病保险政策（新卫农卫发〔2014〕15号）要求，做好儿童白血病、先天性心脏病、终末期肾病、妇女乳腺癌、宫颈癌等22类64个病种的重大疾病保障工作，提高重大疾病的保障水平。四是加快推进新农合支付方式改革工作，建立分级诊疗制度。五是规范新农合基金监管，建立健全责任追究制度

（五）新疆维吾尔自治区城乡居民基本医疗保险一体化建设阶段（2016年至今）

新疆城乡居民基本医疗保险一体化建设如表5-2所示。

表 5-2　新疆城乡居民基本医疗保险一体化建设

发展阶段	时间	政府政策	具体内容
城乡居民基本医疗保险城乡统筹阶段	2016 年 6 月	《关于印发新疆维吾尔自治区整合城乡居民基本医疗保险制度实施意见的通知》(新政办发〔2016〕93 号)	2016 年各级财政对城镇居民医保的补助标准在 2015 年的基础上提高 30 元，达到人均 420 元。同时，为建立政府和个人合理分担可持续的筹资机制，2016 年城镇居民个人缴费在 2015 年人均不低于 120 元的基础上提高 30 元，达到人均不低于 150 元。居民医保筹资水平达到人均 570 元。新增筹资将主要用于提高城镇居民医保参保人员待遇水平，落实基本医保和大病保险待遇政策，实现居民医保政策范围内住院费用报销比例达到 75% 左右，逐步缩小与实际住院费用支付比例之间的差距

资料来源：根据原国家卫生部、原新疆维吾尔自治区卫生厅官方网站以及 2017 年新疆合作医疗调查小组的相关资料进行梳理得来。

二、新疆维吾尔自治区新型农村合作医疗与城镇居民基本医疗保险发展现状对比分析

(一) 新疆维吾尔自治区新农合发展现状

1. 新疆新农合发展现状

2003 年新疆建立了新型农牧区合作医疗改革试点，经过十几年的探索和发展，新型农牧区合作医疗在保障新疆农民健康方面发挥了重要作用。截至 2017 年末，新农合已全面覆盖全疆所有县（市），参合农牧民人数大约 1211.02 万人。其中，在 2007 年参合率达到 87.36%，2017 年提高至 98.65%，2007 年人

均筹资费仅为 73.39 元，2017 年增长为 567.54 元。与此同时，新农合基金的使用率也相应持续增高，2007 年新农合基金使用率为 84.55%，到 2013 年基金使用率高达 103.04%，此时新农合基金支出大于收入，2014 年新农合基金使用率下降到 99.36%，2015 年为 95.77%，2016 和 2017 年的基金支出都小于收入，资金使用率又逐年提高。具体如表 5-3 所示。

表 5-3　2007~2017 年新疆新农合实施情况

年份	参保人数（万人）	参合率（%）	人均筹资费用（元）	资金使用率（%）
2007	829.39	87.36	73.39	84.55
2008	950.27	94.47	102.28	89.25
2009	993.58	97.25	114.90	97.71
2010	1019.03	98.58	157.72	91.17
2011	1050.93	99.70	236.70	84.21
2012	1078.30	99.70	320.33	93.86
2013	1102.68	99.80	368.51	103.04
2014	1118.12	99.80	440.68	99.36
2015	1113.87	99.75	523.58	95.77
2016	1116.25	99.64	572.45	96.78
2017	1211.02	98.65	567.54	97.21

资料来源：2008~2018 年《新疆统计年鉴》。

2. 新农合筹集资金情况

　　新农合基金主要由中央补助、当地政府补助以及个人缴费三部分构成。2015 年，新疆新农合筹集基金近 59 亿元，比 2007 年筹集到的资金增长近 10 倍，其中涨幅最大的是中央财政补助，相比 2007 年增长近 15 倍。其次是个人缴费和当地政府补助，分别增长 7.8 倍和 7.3 倍。在基金筹资构成方面，如图 5-1 所示，2007~2015 年，中央财政补助在新疆维吾尔自治区新农合基金中的比重最高，其次是新疆维吾尔自治区财政补助和个人缴费，占比最低的是地方政府财政补助。中央财政补助在新农合基金中的比重逐年增长，从 2007 年的 32% 增加至 2015 年的 51%，相比之下，自治区财政补助较地方财政补助的力度逐年下滑，合计占比从 2007 年的 41% 下降到 2005 年的 28%，个人缴费占比从 2007 年的 26% 下降到 2011 年的 13%，随后回升至 2015 年的 22%。

3. 新农合补偿受益人次情况

新农合补偿受益人次的提升体现了参合农民中受益人群的不断扩大。其中，补偿范围包括门诊补偿、住院补偿、体检补偿及其他方面。2015 年，新疆维吾尔自治区新农合补偿受益人次达 2279 万人次，是 2007 年的 3.1 倍左右。其中，门诊受益人次所占比重远远高于其他 3 项，2007 年、2009 年、2013~2015 年占比在 80% 以上，其次占比较高的是住院受益人次，均占到 10% 以上。2007~2015 年新疆新农合补偿受益人次构成比如图 5-2 所示。

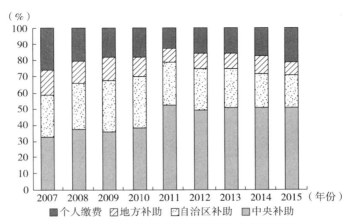

图 5-1　2007~2015 年新疆维吾尔自治区新农合基金筹资构成比

资料来源：根据 2008~2016 年《新疆统计年鉴》及中国官方卫生部门网站的相关资料进行梳理得来。

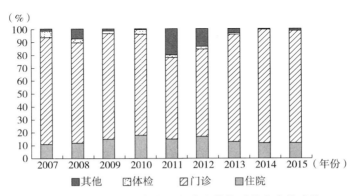

图 5-2　2007~2015 年新疆新农合补偿受益人次构成比

资料来源：根据原新疆维吾尔自治区卫生和计划生育委员会关于自治区新型农牧区合作医疗运行情况的通报整理得来。

4. 新农合参合率

2007 年，全国新农合参合率达到 87% 左右，之后每年都有所提升，2015 年达到 99% 左右。其中，2007~2016 年新疆新农合参合率高于全国水平，新疆基层社会保险经办人员在推动参合率提高方面付出了巨大的心血。课题组在调研中发现，在一些农民收入偏低的农村，在交医疗保险费时，有的农民无力承担个人缴费部分，社会保险经办人员拿出自己的工资代为垫付，农民承诺秋收后偿还医疗保险欠费。

5. 人均筹资费用

2007~2016 年，全国和新疆新农合人均筹资费用均有显著提升，全国新农合人均筹资费用从 2007 年的 60 元增长到 2015 年的 490 元，新疆新农合人均筹资费用从 2007 年的 73 元增长到 2017 年的 568 元。其中，新疆在 2007 年、2012 年、2014 年、2015 年和 2016 年的人均筹资费用明显高于全国水平，2011 年稍低于全国水平，除此之外的其他年份与全国水平相差无几。

6. 基金使用率

2007~2017 年，全国和新疆新农合基金的使用率波动幅度明显，2007~2008 年基金使用率均低于 90%，2009 年使用率达到 97%，之后 2010~2011 年开始明显下滑，2011 年基金使用率再次低于 90%，2012~2014 年开始回升。其中，新疆 2007 年、2008 年、2013 年、2015 年和 2017 年的基金使用率均高于全国水平，尤其 2014 年，新疆新农合基金使用率首次突破 100%。

（二）新疆维吾尔自治区城镇居民基本医疗保险制度现状分析

新疆自 2007 年开始实施城镇居民基本医疗保险制度以来，截至 2017 年末，参保居民人数从 12.72 万人增长到 396.54 万人。其中，在人均筹资水平方面，2007 年新疆维吾尔自治区人均筹资费用为 78.74 元，2017 年个人筹资费用提升到 620.62 元，增长 7 倍左右。在基金的使用率方面，2008 年的基金使用率仅有 12.24%，2017 年基金使用率提升为 87.40%。具体见表 5-4。

表 5-4　2007~2017 年新疆城镇居民基本医疗保险制度开展情况

年份	参保人数（万人）	人均筹资费用（元）	资金的使用率（%）
2007	12.72	78.74	—
2008	276.01	131.92	12.24
2009	358.44	137.20	60.01
2010	374.73	167.44	87.24
2011	377.56	273.42	69.55
2012	384.91	317.20	85.22
2013	389.10	358.22	81.82
2014	387.10	447.89	87.20
2015	385.20	533.21	84.44
2016	388.40	543.67	85.32
2017	396.54	620.62	87.40

资料来源：2008~2018 年《中国统计年鉴》。

1. 新疆维吾尔自治区城镇居民基本医疗保险与全国参保率对比分析

从全国范围来看，城镇居民基本医疗保险制度从 2007 年推行至 2017 年底，参保人数从 4291.24 万人增长到 42135.21 万人，由表 5-5 可看出 2008 年参保率同比增长 176%，2009 年参保率同比增长也达到 54%，2009 年之后城镇居民医疗保险制度由最初的试点城市，逐步实现全覆盖，参保率的增长也渐趋平稳。相比之下，新疆城镇居民基本医疗保险参保率的增长趋势同全国保持一致，2007~2009 年也呈大幅增长趋势。

表 5-5　2007~2017 年我国城镇居民基本医疗保险制度开展情况

年份	参保人数（万人）	人均筹资费用（元）	资金的使用率（%）
2007	4291.24	100.21	23.56
2008	11827.04	131.92	42.01
2009	18210.78	137.20	67.10
2010	19624.38	181.44	75.42
2011	22128.14	268.74	70.01
2012	27456.71	323.93	77.43
2013	29630.41	400.51	82.81
2014	31452.91	525.46	87.14

年份	参保人数（万人）	人均筹资费用（元）	资金的使用率（%）
2015	37688.52	559.73	85.40
2016	38456.41	576.75	86.32
2017	42135.21	605.24	87.40

资料来源：2008～2018 年《中国统计年鉴》。

2. 人均筹资费用

在经济水平的提高和物价水平上涨的综合作用下，人均筹资费用在 2007～2017 年，全国和新疆城镇居民基本医疗保险人均筹资费用均有显著提升，我国城镇居民人均筹资费用由 2007 年的 100.21 元增长至 2017 的 605.24 元，增长了 5 倍左右。新疆城镇居民人均筹资费用从 2007 年的 78.74 元增长到 2017 年的 620.62 元，增长了 7 倍左右。其中，新疆的人均筹资费用部分年份比全国水平低 20 元左右，2014 年，新疆人均筹资费用低于全国 77.57 元。

3. 基金使用率

全国城镇居民基本医疗保险的资金使用率从 2007 年的 23.56% 增长至 2017 年的 87.40%，得到了大幅度的提升。由表 5-4、表 5-5 可以看出，2007～2017 年，全国和新疆城镇居民基本医疗保险基金使用率的波动幅度都相对较大，在 2007～2010 年，全国和新疆的城镇居民基本医疗保险基金使用率都处于快速增长阶段，但新疆的增长速度明显高于全国水平。其中 2011 年，两者使用率均有明显下降，然而在 2013～2017 年呈现平稳增长趋势，均保持在 80% 以上。

（三）新疆维吾尔自治区新农合与城镇居民基本医疗保险制度对比分析

1. 人均筹资水平

如图 5-3 所示，2007～2017 年，新疆新农合与城镇居民基本医疗保险的人均筹资水平均有明显提高，两者的人均缴费从 2007 年的不足 100 元增长至 2017 年的 600 元左右，逐年稳步上升。

2. 基金使用率

2007～2017 年，新疆新农合与城镇居民基本医疗保险的基金使用率波动幅度较大，城镇居民医疗保险的变化幅度更大。图 5-4 中，新农合基金的使用率基本上年均都在 80% 左右，其中，2015 年新农合基金使用率高达 95.8%，处于高度利用状态。相比之下，城镇居民基本医疗保险的基金使用率基本上每年都低于新农合的基金使用率。在 2008 年，城镇居民基本医疗保险制度在新疆开始试点的第二年，基金使用率仅有 12% 左右，随着制度的全面推行，城镇居民基本医疗保险的基金使用率渐趋稳定，水平维持在 80% 左右。

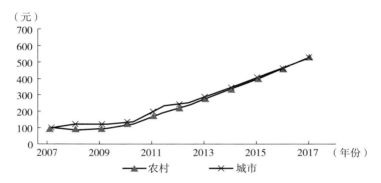

图 5-3　2007~2017 年新疆城乡医保人均筹资水平对比

资料来源：新型农牧区合作医疗的当年人均筹集资金和当年基金使用率数据来源于 2008~2018 年《新疆统计年鉴》；城镇居民医疗保险的基金使用率根据历年《新疆维吾尔自治区人力资源和社会保障事业发展统计公报》中所公布的基金收入与基金支出数据计算得来；镇居民医疗保险的人均筹集资金通过《关于做好 2015 年城镇居民基本医疗保险工作的通知》新人社发〔2015〕34 号文件计算得来。

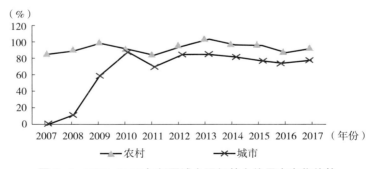

图 5-4　2007~2017 年新疆城乡医保基金使用率变化趋势

资料来源：新型农牧区合作医疗的当年人均筹集资金和当年基金使用率数据来源于 2008~2018 年《新疆统计年鉴》；城镇居民医疗保险的基金使用率根据历年《新疆维吾尔自治区人力资源和社会保障事业发展统计公报》中所公布的基金收入与基金支出数据计算得来；镇居民医疗保险的人均筹集资金通过《关于做好 2015 年城镇居民基本医疗保险工作的通知》新人社发〔2015〕34 号文件计算得来。

（四） 新疆维吾尔自治区新农合与城镇职工医疗保险和城镇居民医疗保险的比较

1. 新农合与城镇职工医疗保险住院报销比例比较

比较乌鲁木齐市新农合与城镇职工医疗保险的住院报销比例（见表 5-6、表 5-7）可以看出，新农合在地区和新疆维吾尔自治区医疗机构的报销比例比城镇职工基本医疗保险低 20~30 个百分点，此外在大额医疗补助方面，城镇职工最高可以报销 95%，最高支付额为 18 万元；新农合的大病报销最高按 65% 予以报销，最高支付额为 8 万元。新农合的补偿远不及城镇职工养老保险有力，农民和城镇职工的医疗报销方面差距很大，对农民的保障能力较弱，不利于缩小贫富差距，也不利于社会公平。

表 5-6　2013 年乌鲁木齐市城镇职工住院报销比例

人员类别	医院等级	报销比例
在职职工	一级医院（含乡镇卫生院和未定等级医院）	90%
	二级医院	85%
	三级医院（含新疆维吾尔自治区、区内其他地州及新疆维吾尔自治区外其他省市区）	80%

资料来源：由天山网报道整理。

表 5-7　2013 年乌鲁木齐市新农合住院报销比例

人员类别	医院等级	报销比例
农民	乡级医院	90%
	县级	80%
	地区级	60%
	新疆维吾尔自治区级	50%

资料来源：乌鲁木齐民生发展报告 [EB/OL]. [2015-04-17]. http：//www. urumqi. gov. cn/gk/tjxx/sjjd/230050. htm.

2. 新农合与城镇居民医疗保险比较

由于全疆城镇居民医疗保险和新农合的筹资和补偿比例不相同，在此仅以乌鲁木齐市的城镇居民医疗保险和新农合的补偿率进行比较。2014 年乌鲁木齐市城镇居民基本医疗保险筹资标准为480元，自2014年1月1日起，乌鲁木齐城镇居基本医疗保险的参保人员若因病住院，基本医疗保险最高报销限额可达到9万元，参保居民患病后，在医保年度内住院费用累计未超过9万元的，在一级医院，可对超过起付线可报销费用的85%进行基本医疗保险的报销，个人仅需承担15%；二级医院报销起付线以上可报销费用的70%，个人承担30%；三级医院报销起付线以上可报销费用的55%，个人承担45%。在基本医疗保险报销以后，若参保居民个人负担的合规医疗费用累计超过1.5万元以上（含1.5万元）的，可按照标准对超过限额部分的费用通过城镇居民大病保险再次获得补偿。城镇居民大病保险的报销标准自付可报销费用在5万元以下（含5万元）部分，按50%进行补助；5万~10万元（含10万元）的部分按照55%进行补助；10万~20万元（含20万元）的部分按照60%进行补助；20万元以上部分按照65%进行，不设最高支付限额。

新农合筹资标准为425元，各级医院的报销比例上文已经阐述过，新农合的参保对象主要分为两大类：民政救助对象和非民政救助对象。其中民政救助对象在发生特殊重大疾病住院时，单次费用补偿按照新农合基金承担70%，剩下的30%由民政救助基金来承担；非民政救助对象因病住院的，可报销部分按照新农合基金承担70%，剩下的30%由大病统筹基金予以补偿。另外，参合人员单次住院医疗费用在3万~6万元的，在常规住院进行补偿之后，剩余可报医疗费用由大病统筹基金再按照65%的比例予以补偿；参合人员单次住院医疗费用在6万~10万元的，由大病统筹基金按照75%比例予以补偿，超过10万元的部分按照85%比例予以补偿，最高补偿金额为10万元，不包括常规住院最高支付限额。

从上文可以看出，新农合二级医院的报销比例比城居保低5%，且大病补助金额设置有10万元的上限。超过10万元的部分只能靠农民自己解决，大病负担仍落在农民个人身上，新农合制度对农民大病救助的力度没有城居保大，保障力度不足。

总之，新疆医疗保险制度的实施与改革和国家步伐保持一致，为保障城乡参保居民基本卫生需求起到积极作用，新型农村合作医疗的广覆盖为广大农民提供了稳定的健康保障。通过以上数据分析，我们可以看到2007~2015年，新疆的新农合在人均筹资水平和基金使用率等方面基本和国家持平；新疆的城镇居民基本医疗保险制度自2008年进行试点后发展迅速，在2011年后维持在相对稳定的状态。就新疆医保制度实施情况而言，城乡医保人均筹资水平没有明显差距，在基金使用率方面，城镇医保基本上低于新农合。尤其从 2007~2010 年，一方面，随着人口老龄化加速，加上医疗费用的持续上涨，医疗卫生支出不断增加，这种现象在生活环境恶劣、医疗卫生条件落后的农村更为严重，新农合基金支出增幅经常大于收入增幅，新农合基金使用率每年均在 80% 以上，2015 年新农合基金使用率达到 95.8%，基金结存率持续较低；另一方面，虽然城镇居民也面临着各种健康问题，但由于城镇居民较好的生活条件和健康的生活习惯，居民身体素质普遍良好，医保基金支出较低。再加上城镇医保基金管控水平较高，基金收入的增速高于基金支出的增速，使城镇医保基金使用率较新农合基金使用率偏低，存在医保基金结余。虽然较高的基金使用率可以减少政府财政资源的浪费，提高基金使用效率，但如果医保基金支出持续上升，最终会出现收不抵支，医保资金不堪重负的问题。从 2007~2010 年数据可知，随着我国整体医疗保障体制的改革，药费、检验费降低、依病种付费等制度的实行，新疆新农合医保基金不堪重负的问题得到缓解。

三、新疆维吾尔自治区城乡居民医疗保险
制度发展的现状及其特点

（一）新疆维吾尔自治区城乡居民基本医疗保险制度的初步建立

新疆维吾尔自治区 2016 年制定出台《新疆维吾尔自治区整合城乡居民基本医疗保险制度实施意见》，自 2016 年 6 月 23 日起正式施行。该项政策力求促进医疗保险的公平，提高医疗保险待遇水平，以推动基本医疗保险制度的发展进程，城乡居民医疗保险整合了城乡的医疗资源，实现了新疆城乡居民医疗保险制度政策的统一。城乡一体化的整合将原由卫生部门管理的新农合职能交由人社部门进行统一管理，实现信息系统的合并，有助于消除重复参保、重复补贴现象，同时逐渐消除城乡差距，构建覆盖城乡居民的基本医疗保险体系，实现城乡医疗公平。新疆维吾尔自治区整合城乡居民基本医疗保险工作稳步推进，其中乌鲁木齐市、克拉玛依市、哈密市、克州、博州 5 个地州市作为新疆首批城乡居民医疗保险并轨试点城市，在 2017 年 9 月已完成整合并轨，顺利实行城

乡居民基本医保制度，根据文件要求在参保范围、筹资政策、保障待遇、医保目录、协议管理和基金管理六个方面实现统一。同时其余 9 个地州市根据实际情况全部实行新型农牧区合作医疗制度和城镇居民基本医疗保险合署办公，实现并轨的平稳过渡。城乡居民基本医疗保险的并轨，使医保政策更加完善、保障更公平、服务更规范。原城镇居民和新农合参保人员整体待遇均有所提高，并轨前原新农合参保人员药品目录不足 1500 种，并轨后扩大到近 3000 种；并轨过渡期的新农合参保人员在各级医疗机构的报销比例都有所提高，大病保险内容的增加有效减轻了参保患者及其家庭的经济压力；在原城镇居民基本医疗保险政策的基础上，增加了门诊特殊慢性病和门诊统筹的医保报销内容，保障范围进一步扩大。新疆在 2016 年 6 月出台了《新疆维吾尔自治区整合城乡居民基本医疗保险制度实施意见》之后，以启动准备、双轨过渡、平稳并轨三个阶段推进整合城乡居民基本医保。按照整合进度表，所有统筹地区于 2015 年底前制订出台了具体的整合实施方案，要求在 2017 年新农合、城镇居民基本医保两项制度实行双轨过渡运行，2018 年实现平稳并轨，所有统筹地区开始执行新的城乡居民基本医疗保险制度。

（二）新疆维吾尔自治区城乡居民医疗保险制度发展的特点

1. 实现城乡医疗保险制度的公平性

城乡居民医疗保险制度的推行，首先在制度层面上消除了城、乡居民医疗保险的差别，逐步消除由原有的城、乡两个医疗保险系统造成的同一地区城、乡居民就医机构的选择、保障范围和待遇水平等方面的差异，在很大程度上缩小了城镇和乡村之间的医疗待遇水平的差距，实现城乡医疗保险制度的公平性，促进了社会的和谐稳定。城乡居民医疗保险制度突出以人为本，并适当照顾特殊群体的理念，充分考虑了各方面的合理利益诉求，对学生、儿童、农村"五保"对象、"低保"重残人员等特殊群体，根据实际情况给予了一定程度的政策倾斜，有效减轻了大病患者及其家庭的医疗费用负担。以 2017 年乌鲁木齐市城乡居民基本医疗保险缴费为例，缴费成员涵盖多个人群，成年人、享受"低保"年满 60 周岁或者满 55 周岁且家庭人均收入低于本市最低工资标准的老年人，每人每年个人缴费 150 元；学龄儿童、中小学生、"低保"家庭的学龄儿童、持有残疾证的学龄前儿童，其中"低保"家庭的学龄儿童缴费由民政厅予以补助；对于大中院校中持有"低保"家庭证的学生，国家给予特殊照顾，缴费 60 元。新型城乡居民基本医疗保险覆盖面广，能照顾到社会不同群体的利益，有效彰显了城乡居民基本医疗保险的公平性，有利于实现社会的稳定。

2. 促进了新疆维吾尔自治区城乡经济的发展

新疆城乡居民基本医疗保险通过影响新疆社会人力资本的积累，从而对新疆区域经济的发展产生影响。人力资本的积累能够推动区域经济的发展，城乡居民基本医疗保险通过改善居民身体健康影响了人力资本的积累，因此新疆城乡居民基本医疗保险能够促进新疆区域经济的发展。人力资本相关理论认为，健康资本的价值主要体现在两个方面：劳动者具有健康的体魄，除了保证其基本的体力劳动外，还为提高脑力劳动提供了保障；寿命预期较高，劳动者在心理上产生了一种激励，劳动者会认为由于劳动创造价值的时间延长了，其创造收入的时间也相应延长了，从而劳动者会认为其未来的收益将会大幅度提高，因此劳动者将愿意接受更多的教育投资，增加人力资本积累。新疆城乡居民基本医疗保障水平的提高，有助于增强劳动者的健康体魄以及增加劳动者的预期寿命，从而促进新疆人力资本的积累，实现对新疆区域经济发展的推动作用。新疆城乡居民基本医疗保险还通过影响新疆城乡居民的可支配收入对区域经济发展产生影响。由于医疗保障体制不断完善，新疆城乡居民用来看病就医的支出占可支配收入的比重相对降低。从而提高了城乡居民将收入拿出来进行消费的消费率，最后提高了能刺激新疆区域经济增长的内需。新疆城乡居民基本医疗保险通过影响城乡居民工作积极性进而对区域经济发展产生影响，所以不断提高医疗保障统筹程度和统筹水平的意义重大。一方面减轻了劳动者对看病就医的后顾之忧，提高了城乡居民工作的积极性，促进了新疆各区域内经济的持续发展；另一方面由于城乡居民统一缴费额度、统一保障水平和统一医疗保障制度的存在，使劳动力可以在新疆的各城乡自由流动，促进了新疆各城乡居民就业市场的开放性和有效性，有力地加快了区域经济的发展，城乡居民基本医疗保障通过统筹城乡的制度对区域经济发展产生影响。城乡统筹的居民基本医疗保险制度对于加快地区城镇化、工业化程度有着重要的作用。城乡统筹的居民基本医疗保险制度有利于新疆农牧区进城务工人员减少医疗和报销过程中的各项成本花费，能够从心理上消除或减少农村劳动者的风险预期，增加他们对城市工作的归属感和安全感，从而能够有效地激励农民将收入拿出来进行消费，进而在很大程度上刺激新疆区域经济发展的内需；新疆城乡居民基本医疗保障通过影响新疆地区城乡居民的就业率对区域经济的发展产生影响。城乡居民基本医疗保险统筹合并之后工作量激增，数据统计、资金的收集、各级政府审查、社会保障金的发放以及公私企业和社会团体处理社会保障基金等业务，都需各个部门的相互配合，同时也需要大量工作人员，创造了大量的就业机会。城乡居民基本医疗保障制度可以作为新疆政府宏观调控经济的有效工具，通过扩大城乡居民基本医疗的规模，创造更多的有效需求，社会总需求上升，最终促进社会经济发展。

四、新疆维吾尔自治区新型农村合作医疗及城乡居民基本医疗保险制度建设存在的问题及原因分析

（一）完善新疆维吾尔自治区新农合制度的对策

一是建立多档次的缴费——补偿模式。基于新农合参合农民筹资水平低、缺乏积极性和新农合补偿率较低的现状，可以建立一种缴费与补偿挂钩的新模式。多档次的缴费模式配合相应档的补偿率。具体来说，将新农合缴费分为五档：第一档为基础档，以国家统一规定的个人缴费标准为缴费数，补偿率也按照新疆维吾尔自治区统一标准给予补偿；第二档在第一档的基础上增加50%，补偿率相应提高2%；第三档为第一档缴费的2倍，补偿率提高5%；第四档为第一档缴费的2.5倍，补偿率提高7%；第五档为第一档缴费的3倍，补偿率提高10%，补偿率上限不超过90%。这种制度设计一方面可以利用不同档次的补偿率对农民产生激励，提高农民参保的积极性，增加个人的缴费额，壮大新农合资金；另一方面借鉴商业保险多交多得的原则，能够满足农民不同层次的需求。

二是改革补偿标准。住院补偿率自乡镇至新疆维吾尔自治区逐级递减无法保证农民享受高质量的医疗服务，对农民就医不公平，因此应改革补偿标准，把乡镇、县、地区和新疆维吾尔自治区各级医院的补偿率统一为70%，使农民

也能和城市人一样公平的接受高水平的医疗服务，减轻农民的看病负担。各级医院统一的补偿标准需要一系列配套措施，否则会出现大医院扎堆看病，小医院无人问津的局面。

首先，要提高乡村级医疗机构的医疗服务水平，配备基础医疗设备，使医疗机构拥有与当地的经济发展水平和农民的健康需要相匹配的医疗资源，为小医院看小病提供可靠的硬件条件。

其次，要努力提高基层医疗机构医务人员的专业水平，给予基层医务工作者适当的补助，鼓励医学院大学生到基层就业，服务基层。除此之外，每年安排基层医务工作者进修学习，提高业务能力，培养双语医务人员，方便少数民族农民看病就医。

最后，为了避免各级医院的补偿率统一后出现患者非大医院不看病，扎堆大医院看病的情况，有必要重新设置不同级别医院的起付线。乡镇级医院的起付线为 300 元，县级医院为 600 元，地市级医院为 900 元，新疆维吾尔自治区级医院为 1200 元。这样设置的意图在于鼓励得小病可以就近医治的农民就近看病，避免基层医疗机构闲置，对医疗资源造成浪费。

三是实现新农合与城镇居民医疗保险制度的合并。新农合的资金来源于农民个人缴费与政府财政补助，城镇居民医疗保险的资金也是来源于城镇居民的个人缴费和政府的补贴，都是保障农民和城镇居民的基本医疗。两者的资金渠道相同，保障目的相同，不妨将新农合与城居保制度合并，执行同样的缴费、筹资标准和补偿标准，将两套管理合二为一，既减少了政府的机构设置和工作人员，节省了制度的管理费，让更多的资金用到农民身上，同时将城镇居民和农民纳入统一保险制度，扩大了制度的参保基数，能更大限度地发挥保险的大数优势，实现更大范围的资金调剂使用，对于促进社会公平，缩小贫富差距，推进城乡一体化也有积极的作用和重大的意义。

要实现新农合和城居保两个制度的合并，必须要重新制定同时符合农民和城镇居民经济条件的个人缴费标准，农民和市民的报销程序等问题还需要慎重考虑。

（二）新疆新农合筹资机制问题及对策分析

自 2003 年新疆开始进行新型农村合作医疗的试点工作，经过 12 年的发展已取得一定成效。截至 2012 年，全区农牧业人口为 1081.61 万人，参合人数有

1078.30 万人，参合率为 99.70%，基本实现了全疆覆盖。全区 84 个新农合统筹地区均开展了门诊统筹，覆盖面达到 100%，统筹区域中新农合政策范围内住院补偿比达到 83.24%，新农合基金使用率为 93.86%，新农合住院实际补偿比为 55.04%，[①] 这在一定程度上改善了各族农民看病难、看病贵的困境。但新农合筹资难、对农民的保障能力不足等问题仍然阻碍着新农合的快速健康发展。

1. 现有学者提出筹资建议的探讨

随着新农合制度的推进实施，越来越多的专家学者看到了新农合筹资过程中出现的问题，发现了筹资难的现状，各专家学者结合自己所学知识和所研究的领域，对新农合的筹资提出了一些方案。在此，笔者对其中比较典型的方案就其合理性和可行性进行探讨。

方案一：建议将农民缴费改为政府财政补贴，如从政府的农业土地资金收入中拿出一部分作为合作医疗基金。此建议的出发点在于解决从农民手中收取参合费难的问题，采取直接通过政府财政替农民缴纳参合费的方式。它的好处：一是省去了工作人员挨家挨户收取农民参合费的收费成本；二是政府直接补贴保证了每个农民都能纳入新农合的保障范围，确保每个农民都能公平地享受新农合待遇；三是跨过农民两个月的缴费时间，政府财政直接拨款至新农合资金专项账户，能使新农合资金及时到位。但是如若采取以上方法筹集资金，农民不需要承担任何义务就可以享受国家提供的医疗服务，从某种意义上来说我国实现了针对农民的普享型医疗福利。借鉴英国等福利型国家的教训，在拥有 9 亿农民的中国实施普享型的新农合方案会不会也同样产生"福利病"问题？一般来说权利与义务是相对等的，只有履行义务才会珍视权利的来之不易，新农合如果失去缴费义务这个基础，农民在看病报销时会不会产生医疗资源的过度利用和浪费现象，这些都是不得不考虑的问题。

方案二：坚持把粮食直补转化为农民的合作医疗资金。

此方案将国家对种粮农民的粮食价格补贴无须经过农民个人就直接划入新农合基金中作为农民的参合费。这与政府直接提供财政补贴有共同的优点，但它自身也反映出一些问题。国家给农民的粮食价格补贴旨在鼓励农民种粮，

---

① 参见新疆维吾尔自治区卫生厅下发关于 2012 年全区新型农牧区合作医疗及农牧区卫生工作进展情况的通报。

保证我国的粮食供给量，对保障全区粮食安全、促进农民增收发挥着重要作用。如果把粮食直补转化为农民的合作医疗资金就改变了国家设立粮食补贴的初衷，种粮的农民拿不到国家的补贴，没有得到切实的好处，将会影响农民的种粮积极性，新疆乃至国家的粮食安全将得不到保障。此外，如果采取把粮食种植户农民的粮食直补转化为合作医疗资金，其他的农民自行缴纳资金，又会存在筹资标准的统一问题，本质上也没有改变现行的农民自愿参合的筹资原则。

方案三：有学者建议直接将农民的参合费提前扣除。此方案的初衷是好的，既降低了筹资的难度，又实现了人人参合，政府之间直接转账也减轻了资金的筹集负担。但现实存在的问题是，如何实现将农民的参合费提前扣除？以什么名目扣除？事实上，很难找到每个农民都与政府有经济往来的现实条件。

2. 实现新农合筹资长效性的对策

（1）调整筹资顺序。新农合在地方层面采取"先个人缴费、后政府财政补助"的筹资原则，使新农合资金不能按时到位，造成报销前紧后松的局面。鉴于此，各级地方政府可以学习中央和自治区政府实行财政补助"先预付，后结算"的原则，参照上一制度运行年度的参合人数，提前配备一定规模的财政补助资金，可以按照上一运行年度参合人数的99%配套资金（基于全区新农合的参合率稳定在99%以上做出的考虑），并在年终结算时，按照实际参合人数匹配资金，资金多退少补。新农合制度的平稳运行，需要政府给农民做表率，给农民以信任感，让农民对新农合制度有信心。有政府做后盾，农民才敢放心大胆地参加新农合。

（2）大力发展地方经济，提高农民收入水平。近年来新疆的对口援疆工作顺利进行，在东部发达兄弟省市的帮助下，新疆发挥自身的资源优势，已经进入跨越式发展阶段，人民生活水平普遍提高。但与全国其他省市相比，新疆在发展经济这条路上还有很远的路要走。

首先，要抓住对口支援新疆工作的机遇，利用好东部发达兄弟省市的资金、技术和人才帮助，给新疆经济注入新鲜的血液。调整产业结构，转变资源粗加工、低效率的利用方式，依托丰富的旅游资源和独特的民族风情，新疆应加大第三产业的比重，努力培育新的经济增长点。尤其是对南疆地区，新疆维吾尔自治区政府应当给予更多的财政、技术和人才支持，鼓励双语教学，坚持将南疆的孩子送到其他地区接受教育，制定优惠政策吸引和鼓励更多的人才去南疆发展，加大对集体经济的扶持力度，为农民提供更多的就业机会和增收渠道，让农牧民在家附近就能找到工作。

其次，抓住"一带一路"倡议的发展机遇，发挥新疆独特的区位优势和向西开放重要窗口作用，深化与中亚、南亚、西亚等国家的交流合作，形成"丝绸之路经济带"上重要的交通枢纽、商贸物流和文化科教中心，打造"丝绸之路经济带"核心区。加大引进外资的力度，充分发挥霍尔果斯口岸、阿拉山口口岸的对外沟通作用，利用国内、国外两种资源发展地方经济。同时，将中国文化、中国先进铁路技术和新疆特色的棉花、羊毛、水果推向全世界，发展具有中国特色的社会主义市场经济。

（3）建立一种适度强制的筹资机制。新农合制度尊重农民个人意愿自愿参加的原则无法保证每个农民都能参合，医疗保险所涉及的是农民的生命健康，生病死亡是每个人不可避免也无法控制的事情。新农合可以采取适度强制性参合措施，要求每个农民必须参加，把所有农民纳入保障范围内。具体来说，就是将新农合制度立法，给予法律地位。

（4）在全区建立统一的政策法规，提高制度的可靠性。

新农合筹资问题刻不容缓，建议新疆在自治区层面制定地方法，保障新农合制度的合法性和强制性，提高制度的可靠性。将农民和各级政府所承担的权利义务以法律的形式确立下来。

（5）落实地州级统筹。如前文所述，目前全区新农合统筹层次较低，多为县市级统筹，新农合资金调剂使用的范围小。应适当提高统筹层次，落实到地州级统筹，为今后的区级统筹做好准备。要提高统筹层次首先要解决地方政府补贴不统一的问题。

如何才能做到既要避免这种潜在的财政补助比低的趋势，又实现新农合资金地州级统筹？地州政府需要根据地州整体经济发展情况，参考其他地区的筹资水平，确定本地合理的筹资标准，衡量各县市财政能力，对确实达不到筹资标准的财政给予补助，使本地州的每个参合农民都有同样的筹资标准，实现新农合资金在全州范围内调剂使用。

（6）新农合资金分别设立个人账户和基础账户。将新农合资金分为统筹账户和个人账户，其中基础账户占个人筹资总额的60%，用于地州统筹调剂使用，另外40%的资金纳入个人账户，供农民自行支配，农民可用于购买药品，也可以用于支付一般门诊的费用，当年用不完的资金可以累积到下年使用。

五、完善新疆维吾尔自治区城乡居民社会 医疗保险制度建设的对策

（一）构建完善的城乡居民基本医疗保险制度的监管体系

完善的监管体系建设不是对哪一方面、哪一部分的工作，而是要对整个居民医疗保险制度进行全方位的、整体性的把握，精准管理。为了让处于低水平城乡居民医疗保险体系的监管机制得到快速的发展，应该从经办机构能力建设、经办运营管理成本、信息化水平建设等方面入手，促进城乡居民基本医疗保险制度的可持续发展。加强新疆城乡居民基本医疗保险的监管机构能力建设，首先，要由政府部门组织成立独立的新型城乡居民基本医疗保险监管部门。城、乡各级政府可以组建独立的城乡医保管理中心，下设分支机构，负责日常工作事务管理，同时管理部门还要定期对城乡居民基本医疗保险发展情况进行深入了解，发现运营中存在的问题，各个分支经办机构应在城乡居民基本医疗保险管理中心的统一指挥下深入研究寻找解决办法。同时这些与社保经办机构相关部门的管理职责是要明确自己的职责，协调好、配合好，化解管理难题。

其次，应该对监管体系所涉及内容进一步优化，使其更具有现实作用，能够给居民带来切实的好处。比如现行城乡居民基本医疗保险制度的设计是否与新疆农村居民真实的医疗需求相匹配；医疗保险经办机构的设置是否合理科学；医药品价格上涨的速度与居民收入的增长速度是否等同。同时监管还应该增加定期对医疗服务点考核，检查医疗服务点是否按照规定为病人提供医疗服务、药价涨幅是否在可控范围内；还应该严格考核医务人员的业务水平能力，考核其技术能力是否能达到从医标准。

最后，监管部门应定期或不定期对医疗定点机构与医务人员进行严格测评，对工作人员的测评由政府部门抽取，并让一定比例的农民代表参加测评工作，保证测评的公正性。测评考核的结果要和定点医疗服务点的测评等级和经费拨付挂钩，奖罚分明，鼓励提供良好服务的机构和人员再接再厉，惩罚较差服务

的机构和人员，激发他们赶追超的勇气。同时医疗服务费用等专业领域的监督应由专人负责落实，以此推动监督工作有效进行；还要对监管部门等相关具体工作部门的业务人员进行定期轮岗培训，监管部门要求明确监管的政策，要求责任到人，积极探索规范化的监管手段及程序，大力改进和提高管理人员素质和办事效率。

（二）合理分配卫生资源，推动医疗服务水平提升

1. 整合现有社会资源，加强卫生设施建设

新疆农村的医疗卫生服务水平相对落后，一些医疗服务点的发展水平难以满足农民基本的就医需求，所以必须重视农村医疗服务资源的配备来解决农民的看病难问题。要做到这些应该从如下方面着手落实，首先，在每个乡至少建立一个大型的公立医院，在每个村至少拥有一个村诊所，满足农民的基本就诊需求。而且应该同时加大资金设备的投入，对那些医疗设施配备不充分的就诊点尽可能地加大基础设施建设，增加药品供给、增加就诊床位，最大限度地满足当地农民对医疗服务的需求。由于乡卫生院在农村的重要地位对农民来说相对村诊所所提供的服务较好一点，因此要特别重视乡医院的卫生基础设施建设，招募专业化的医疗服务人才队伍充实到乡医院的建设中。其次，也要加大对农村卫生所的扶持力度。由于村卫生所规模小，资金周转不开，时常会发生面临倒闭关门的现象，因此要积极促进村卫生所的发展转型，推动医疗服务进社区进住户，能为属地农民提供多样化的就医服务，要建立医疗服务点村级和乡镇级两级卫生体系合理配置、合理分工，为农民提供双向的医疗就诊服务网络。最后，还需要对医疗服务设施的提供点有重点地投入，要加大南疆地区的三级医疗服务网络体系建设，使南疆农民从医疗保险中受益，满足他们的就诊需求。

2. 提高基层医务人员专业技能，完善特种医务人员培养体系

新疆农村基层的医务工作者大多是由一些非专业化的医疗水平较低的农民所组成，他们缺乏系统的专业化的医疗知识培训。他们大多是为了生存的需要随便开个小诊所。在开展工作时由于语言的不便给医患之间的沟通和交流带来诸多不便。因此要不断加大对乡村赤脚医生的业务技能水平培训或者通过相关

讲座活动让他们掌握一些最基本的医务常识，同时还要在农村培养一些具有精通双语知识的医务人员，推动农村特种双语医疗知识人才队伍建设，提高农村基层的卫生服务水平发展。另外农村医生的医德建设也是特别需要关注和解决的问题，因为医德建设直接关系到医疗保险制度能否在农村顺利开展下去，对医疗保险制度的服务水平起到了至关重要的作用，关乎农民在发生重大疾病之时能否得到乡村医务人员精心的诊治。因此应通过相关的制度进行培训，提供锻炼机会进一步加强对农村医生的思想政治教育，提高农村基层医务人员的医德和业务水平能力。具体的建议如下：

首先，应该建立服务于农村基层医疗保险发展的培训制度体系，一方面要重视基层医疗队伍的构成，为农村培养具有医疗保健知识的复合型人才，特别是要重视农村青年医务人才队伍的建设，通过定期的培训轮岗、挂职锻炼等方式提高他们的技能水平，同时还要建立严格的测评体系定期或不定期地对他们的技能水平进行测评。另一方面还要积极鼓励各级政府部门设置相应的业务培训部门对农村医生的业务，职业道德等进行定期、不定期的培训；同时还希望政府鼓励各地区的医疗保障部门要积极互相学习，汲取经验，弥补自身不足，为农村居民提供更优惠便捷的医疗服务。

其次，作为基层医生还需要肩负对农民进行定期或不定期的宣传教育的职能，要精准把握农村居民的健康动态。定期对属地农民举行健康水平测验，使农民清楚了解自身健康状况，做到有病早预防早治疗，不至于发生重大健康风险。同时作为基层医疗人员要为基层农民建立健康信息档案，这样做一方面能够让基层医生了解辖区农民的健康状况，另一方面也能够提升基层医务人员的工作效率。

最后，要重视基层农村医生的医德政治思想教育，因为良好的医生职业道德是提供优质医疗服务的基础，所以要加大对他们的思想教育使他们树立济世救人的情怀，进一步为农村居民服务。同时，要尽快完善相关的法律法规来帮助农村医生规范自己的医疗职业道德，严格加强对农村医务工作者的测评体系的各项标准。例如上班时间不得散漫闲聊、打电话服务态度友好等，定期发调查问卷检验农民对所属地区医务人员的满意度，医疗服务点依据农民做出的测评对工作人员的工资进行适当的调整，通过这些方式提高基层医院医务人员的工作热情和积极性，改善工作态度规范他们的行为。

（三）加强农牧民医疗保险意识，提升整体健康水平

1. 加大城乡居民基本医疗保险制度的宣传效力

居民医疗保险能否取得很好的效果，农民对于医疗保险的知晓度是非常重要的。为了让更多的农民对医疗保险有所了解，首先宣传工作必须到位，运用一些常规性的宣传媒介，打消农民对参加医疗保险的困惑，提高农民主动参保的积极性。例如，可以让工作人员挨家挨户讲解医疗保险相关的一些知识和政策；利用宣传媒介向广大群众宣传，以方便农民随时掌握医保发展新动态；给农民发放宣传单，通过有奖竞猜活动的形式吸引农民的注意力。还要对农民群众开展一些健康培训，通过案例或者专题讲座的形式引导农民转变观念，要从长远健康利益出发，提高自己的健康意识，扩大医疗保险在农民心目中的影响力。广大医保工作者要积极把医保的重要性深入贯彻到农民当中，让农民感觉到参加医疗保险是一项保护自身健康的惠民工程。

2. 培养农村居民的现代健康保护观念

新疆广大农村居民文化程度相对较低、思想观念相对落后是一种普遍存在的现象，城乡居民基本医疗保险的建立意味着农村居民要转变思维观念、生活习惯以及价值取向，所以转变观念、加强对农村居民的健康宣传是帮助农民了解医疗保险体系的重中之重。第一，城乡居民基本医疗保险制度应肩负宣传教育作用，普及农民对健康风险的防范意识，使农民意识到健康的重要性，并运用互联网、双语讲解健康常识，使农民养成良好的生活习惯。第二，向广大农村居民普及健康维权的常识，通过案例引导的方法确保农民在参保后可以得到公正的补偿，让农民运用法律维护自身健康权利。第三，对于一些几乎不使用居民医保的家庭，医保经办部门也要为他们提供一些免费的健康检查，增强他们对健康的意识，推动医疗保险制度可持续发展。

（四）在实践中不断优化城乡居民基本医疗保险报销体系

对于农民在看病过程中存在的报销问题，各级医疗保险经办机构应以"以收定支、略有结余"为导向，需要按照筹资额与以往医疗费用的实际支出情况

来确定医疗费用的合理报销，让农民受益。

1. 设置特殊群体报销程序，扩大受益面

在新疆农村经济发展比较落后，大部分青壮年人口一般会到就近的地方谋求生计，一般家中所留的都是一些不具有劳动能力的老人。新疆城乡居民基本医疗保险制度建设也应该充分满足特殊人群的就医需求，针对这些弱势群体应该设置更加简单的报销流程，进一步扩大城乡居民医疗保险对弱势群体的受益面。关于为弱势群体设定相适应的补偿收益标准研究发现可以从如下两个方面进行设置：第一，政府应根据当地实际的经济发展水平制定相应的标准，采用更加灵活弹性的方法去鉴定这些特殊人群，扩大医疗保险的受益面；第二，根据鉴定的标准设置相应的特殊群体报销程序，同时还可以结合相应的补助措施，对那些鉴定过的特殊群体给予特殊的政策优惠，提高补偿比例。

2. 简化烦琐的医疗报销的手续和流程

城乡居民基本医疗保险制度的发展应尽快解决烦琐的报销流程问题，积极促成基层医疗服务点工作人员的思维理念，可以从如下几个方面简化烦琐的医疗报销程序、提高工作效率：第一，坚持对基层医疗服务人员进行定期的培训，提高工作人员的素质和业务水平；第二，可以通过发放医疗保障卡的方式，使农民到附近的医疗保障点就近就医，特别是对于那些需要在村级或者乡级医疗服务点就医的农民，建议采取小额补助的方式，即通过医疗保险统筹基金直接划扣补偿金额；第三，加强村级网络工程建设，为每个农村居民建立电子档案，解决农民在报销时工作人员无法核对的情况，有效提高工作人员的工作效率。

六、本章小结

本章在对新疆城乡居民基本医疗保险制度建设历程进行回顾的基础上，首先，对新疆新农合与城镇居民基本医疗保险制度的发展现状进行了阐述，同时在资金筹集水平和基金使用率等方面对新农合及城镇居民基本医疗保险进行了对比分析；其次，在总结新疆城乡居民医疗保险制度发展特点的前提下分析了新农合和城镇居民基本医疗保险制度发展中存在的各种问题及原因；根据新疆城乡居民医疗保险制度发展中出现的问题，为新疆城乡居民基本医疗保险制度的建设和完善提供了对策和意见。对新疆城乡居民基本医疗保险制度的分析研究能够为今后新疆农村建立多层次的、覆盖全体居民的医疗保险制度做出有意义的尝试，希望为新疆城乡居民社会医疗保障体系的发展贡献一份力量。

第六章 新疆维吾尔自治区农村 "低保" 制度的实施问题分析

一、国家及新疆维吾尔自治区农村 "低保" 政策

(一) 我国农村 "低保" 制度政策梳理

最低生活保障制度是国家和社会为了保障贫困人口的基本生活得以维持下去而建立的一种社会救济制度，它的顺利实施关系着人民的幸福、社会的稳定乃至国家政治经济的长远发展。追溯到 2003 年十六届三中全会提出的统筹城乡发展、政府工作的重中之重是更好地解决 "三农" 问题，即农业、农村、农民问题，直至现在常说的努力建构城乡一体化的发展格局，这些都说明了在社会主义国家的特有国情下，搞好农村工作、大力发展农业和农村是建设美丽中国至关重要和必须面对的环节。现实中我国许多偏远地区的农村依旧存在不少低收入村民，如何保障好他们的最低生活水平对实现社会公平和我国广大农村地区的持续发展意义非凡。因此继 1999 年我国出台相关政策规范城市最低保障制度实施后，农村 "低保" 制度也逐渐开始在全国范围内确立和实施，下面集中介绍我国农村最低生活保障制度的发展历程和相关政策的颁布与更新情况。

总的来说，受经济发展水平的制约，我国农村的 "低保" 制度起步较晚、范围窄于发达国家，正处于进步阶段。从 20 世纪 90 年代开始，民政部 1995 年在部分地区开始了农村 "低保" 制度的试点工作，为那些存在衣食之忧的农村低收入人口解决实际生存问题，其中上海是 1994 年实施农村 "低保" 制度的城

市。2007 年是标志着我国农村最低生活保障制度开启新篇章的一个重要里程碑，国务院《关于在全国建立农村最低生活保障制度的通知》宣告在全国范围内开始实施农村"低保"制度。这为维持低收入农民基本生活、促进城乡一体化进程、解决"三农"问题和实现社会公平做出了巨大贡献。表 6-1 和表 6-2 显示了我国和个别典型城市从开始计划实施农村最低生活保障制度至今所颁布的政策法规。

表 6-1　全国范围内农村"低保"制度实施比较

发布者	颁布时间	会议名称	会议文件	具体内容
国务院	1994 年	第十次全国民政会议		到 20 世纪末，要在农村初步建立起与经济发展水平相适应的层次不同、标准有别的社会保障制度
民政部	1996 年初	全国民政厅局长会议	《关于加快农村社会保障体系建设的意见》《农村社会保障制度建设指导方案》	提出了在全国范围内积极探索农村居民最低生活保障制度的任务
民政部	1997 年	片区会议		对东部、北部和西部地区农村最低生活保障制度的建立进行专题研究
国务院	2007 年		《关于在全国建立农村最低生活保障制度的通知》	规定农村最低生活保障对象具体确定为四类
国务院	2014 年 2 月		《社会救助暂行办法》	办法在第九条和第十三条对农村"低保"的资格认定、申请程序、公平公开、动态管理等做出了明确规定，为农村"低保"提供了法律依据

　　注：享受"低保"政策的群体包含以下四类：一类是家庭成员都没有劳动能力或者几乎丧失劳动能力的农户；二类是家庭主要成员在劳动年龄段，但因为残疾丧失劳动能力家庭保障确实有困难者；三类是家庭成员虽然在劳动年龄段，但因疾病几乎丧失劳动能力家庭保障确有困难者；四类是家庭主要成员因事故死亡，其子女均不到劳动能力年龄段，生活困难者。

表 6-2　个别典型城市农村"低保"制度实施比较

发布者	颁布时间	发布的会议文件	具体内容
浙江省人民政府	1996 年 5 月 21 日	《关于在全省逐步建立最低生活保障制度的通知》	决定"自 1996 年起在全省逐步建立最低生活保障制度"
浙江省人民政府	2001 年 8 月 15 日	《浙江省最低生活保障办法》	其第二条规定"家庭人均收入低于其户籍所在的县（市）或设区的市的最低生活保障标准的居民、村民，除本办法有特别规定的外，均有从当地人民政府获得基本生活物质帮助的权利。"
广东省人民政府	1999 年 8 月 2 日	《广东省城乡居（村）民最低生活保障制度实施办法》	其第二条界定"本办法所称的城乡居（村）民最低生活保障制度，是指对家庭人均月收入低于当地最低生活保障标准的城乡居（村）民实行差额救助的社会救济制度。"
陕西省人民政府	2005 年	《关于在全省逐步建立农村居民最低生活保障制度的通知》	决定"从 2005 年 7 月 1 日起，在全省范围内逐步建立和实施农村居民最低生活保障制度。"
海南省人民政府	2006 年	《农村居民最低生活保障办法》	其第二条规定"持有本省农业户口的农村居民，凡共同生活的家庭成员人均收入低于所在市、县、自治县人民政府确定的农村居民最低生活保障标准的，均有从当地人民政府获得基本生活物质帮助的权利。"

资料来源：根据民政部网站信息整理。

（二）新疆维吾尔自治区农村"低保"制度的发展历程

新疆的农村"低保"制度较全国其他省份来说起步晚、水平低，新疆是较晚进行试点工作的省份，近年来，在稳步发展并取得令人满意的成效的同时，在农村"低保"工作中也存在着不少老生常谈的问题。从整体上看，新疆农村"低保"工作大致经历了三个发展阶段，分别是 1999～2003 年的试点阶段、2004～2007 年的扩大试点阶段和 2007 年 7 月至今的全面启动发展阶段。新疆农村"低保"制度工作的第一阶段主要集中在鄯善县,当时的"低保"政策覆盖面小、享受政策的村民少、相应的保障标准低。第二阶段的"低保"制度试点工作于2004年在克拉玛依市开展,随后根据新疆维吾尔自治区"低保"工作小组第八次会议的决定,石河子市、昌吉市、和布克赛尔县、博湖县、福海县、奇台县、新源县和富蕴县逐步开展农村"低保"试点工作。其中,博湖县从3月1日起分四个阶段试点,然后全面铺开。昌吉市与和布克赛尔县从2006年1月1日起开始实施,福海县、奇台县和新源县从2006年4月1日起开始实施,石河子市和富蕴县则从同年7月1日起开始推进。第三阶段则根据2007年6月18日至19日召开的新疆维吾尔自治区农村"低保"工作会议的决定,从2007年7月1日起在全疆范围内开启农村"低保"工作,并做出了相关的安排和部署,使新疆农村最低生活保障工作进入了一个全新的发展阶段。新疆部分县市实施农村最低生活保障制度的情况比较如表6-3所示。

表6-3　新疆部分县市实施农村最低生活保障制度的情况比较

县名称	会议文件	实施时间	"低保"标准	资金来源
鄯善县	《鄯善县城乡最低生活保障制度实施方案》	1999年3月	50.9元/月·人	实行县乡村三级负担,县财政负担50%,乡镇村负担50%
石河子市	《石河子市农村居民最低生活保障制度实施细则》	2006年7月1日	低于90元/月·人的差额补助	市财政
昌吉市	《昌吉市农村居民最低生活保障实施方法》	2006年	低于71.67元/月·人的差额补助	市财政及农村"低保"基金
和布克赛尔县	《和布克赛尔县农村居民最低生活保障实施细则》	2006年1月1日	30元/月·人	县财政
博湖县	《博湖县农村居民最低生活保障制度工作实施方案》	2006年3月1日分四个阶段试点,再全面铺开	50元/月·人	县财政并鼓励捐赠
福海县	《福海县农村居民最低生活保障暂行办法》	2006年4月1日	30.5元/月·人	县财政
新源县	《新源县农村最低生活保障实施方案》	2006年4月	55.8元/月·人	县和上级财政按2:8的比例共同负担

续表

县名称	会议文件	实施时间	"低保"标准	资金来源
富蕴县	《富蕴县农村居民最低生活保障实施细则》	2006年7月1日	60元/月·人	县财政预算占60%，提取扶贫捐赠资金占30%，提取留存福利彩票公益金占10%

资料来源：中华人民共和国民政部网站。

二、新疆维吾尔自治区农村"低保"制度实施现状、成效及问题

在全国范围内建立农村最低生活保障制度，把符合条件的农村低收入人口纳入保护范围，解决农村低收入人口的基本生活问题，是实施农村最低生活保障制度的主要目标，这对于建设美丽乡村具有重要意义。

（一）新疆维吾尔自治区农村"低保"制度实施现状

在农村"低保"的试点阶段和试点的扩大阶段，"低保"资金主要来自地方财政。1999年，当鄯善县启动农村"低保"试点工作时，实行了县乡村三级负担，其中50%为县级财政负担；克拉玛依是各区的财政负担，市财政给予适当的财政补贴；石河子和昌吉都承担了市财政负担，昌吉市设立了农村"低保"基金，以减轻负担；在富蕴县，60%的资金由县级财政承担，剩余资金由30%的扶贫捐款和10%的福利彩票预留公益金组成；在奇台县，"低保"资金由乡镇救灾款和解困资金负担；在新源县，"低保"基金由县和上级财政共同负担，比例为2:8。

村"低保"全面实施阶段，基本保障基金的征收是基于分级负担和多种融资的原则。资金主要来自地方财政预算、地方福利彩票公益金和社会捐赠。地方财政预算是基本保障基金的主要来源，补贴比例和补贴金额应根据各地区的具体情况确定。总的来说，农民补贴的补贴强度较大，经济社会发展水平较低，财政状况不稳定，反之亦然。对于南疆三县的喀什、和田、克孜勒苏柯尔克孜自治州，所需资金全部由新疆维吾尔自治区承担，乌鲁木齐、克拉玛依和石河

子均由当地政府承担，其他地、州、市所需资金由新疆维吾尔自治区财政负担70%，本级财政负担30%。由此可见，新疆维吾尔自治区的财政在保障新疆农村最低生活保障方面起着主导作用。

1999年，鄯善县启动农村生活保障试点，最低生活保障标准为610元，全县总人口近7000人的年人均收入低于这个标准，占总人口的5.0%。按照这个标准，资金超过420万元，财政压力太大，最后，采用指数分配法确定了248人享受第一批低收入补贴。[①] 2007年7月全面启动农村"低保"制度，当年"低保"标准为700元，对年人均收入不足700元的农民实行差额补助，即确定农村"低保"对象家庭人均纯收入后，差多少补多少，按季度发放，确保农村"低保"对象的基本生活，共有129万农村人口被纳入"低保"范围，每位低收入农牧民每月人均补助22.3元。[②]

自2010年中央新疆工作研讨会以来，新疆维吾尔自治区第七次提高城乡"低保"补助水平，将有216万城乡"低保"对象、104万四类人员受益。为使城乡"低保户"待遇和物价水平相适应，新疆维吾尔自治区决定拿出2.96亿元，从2015年7月1日起，全疆现有86万城市"低保"对象，每人每月补助增加20元；全疆现有130万农村"低保"对象，每人每月的补助增加15元。2015年底前，从7月1日至今的增补金额将一次性发到困难群众"低保"对象手中。在此基础上，新疆还提高了分类救济标准，为城乡"低保"中老人、未成年人、重病人群和重病人员平均每月增加了10元的补助，使其保障水平高于新疆其他"低保"人群。

随后几年，"低保"对象的人数不断地增加。如表6-4所示，在农村"低保"试点工作以及扩大试点工作阶段，农村"低保"对象一直出现的是平稳态势，直到2007年农村"低保"全面实施阶段，享受"低保"人数呈现出跳跃式的增长，达到129.88万人，此后逐年增加，截至2011年底，有134.90万农牧民享受到了"低保"补助。由表6-4可以看出，2010~2015年农村参与"低保"人数由133.40万人下降到131.76万人，2016年又增到160.50万人。农村"低保"标准在不断提高，由2010年每人每年的943元提高至2016年的2855元，增长了1912元。可以看出，新疆农村"低保"政策的覆盖面持续增大，保障能力日益增强。

---

① 根据鄯善县民政局内部资料整理所得。

② 阿布都外力·依米提. 新疆农村贫困问题及其最低生活保障制度［J］. 中国人口·资源与环境，2010，20（8）：17-21.

表 6-4　新疆农村最低生活保障基本情况

年份	农村"低保"人数（万人）	农村"低保"平均标准（元/人/年）
1999	0.0248	610
2000	0.0244	—
2001	0.033	—
2002	0.035	—
2003	0.0697	—
2004	0.0803	—
2005	4.19	—
2006	2.63	—
2007	129.88	700
2008	129.90	660
2009	130.15	789
2010	133.40	943
2011	134.90	1005
2012	134.45	1638
2013	135.50	1860
2014	132.69	2057
2015	131.76	2393
2016	160.50	2855

注：新疆农村"低保"制度试点自 1999 年才开始在鄯善县试点，当年农村"低保"标准为 610 元，2007 年才正式启动农村"低保"制度，故有关农村"低保"标准统计工作在 2007 年之后才正式开始，2007 年之前无相关数据。

资料来源：2007~2018 年《新疆民政统计年鉴》。

（二）新疆维吾尔自治区农村"低保"制度实施的成效

新疆农村"低保"制度自全面实施至今已有十几年，农村"低保"制度实施的成效不仅可以反馈制度的有效性，制度的制定和实施者也可根据实施的效果及时调整政策使制度更好地实现其最初的设计目的。国内外关于"低保"制度实施效果的测评有多种方法，对于"低保"制度实施的成效不仅要分析"低保"标准的高低，更要进行综合分析。以下选取农村最低生活保障救助力度系数和农村最低生活保障生活救助系数这两个指标对新疆农村"低保"制度实施成效进行分析。首先对选取的两项指标进行说明和定义。

1. 农村最低生活保障救助力度系数

农村最低生活保障援助力度系数（以下简称"'低保'救助力度系数"），又称农村最低生活保障系数，是用于衡量政府对最低生活保障的财政援助的指标。"低保"救助力度系数 = t 年农村"低保"标准/t−1 年农村人均纯收入。该指标的引入，可以在消除经济发展水平差异的前提下，反映地方政府对当地农村最低生活保障的财政援助。系数越大，政府对农村最低生活保障对象的救助力度越大，反之亦然。然而，这个系数并不是越大越好。如果系数太大，政府的财政负担太重，当地农村最低生活保障已经产生了一定程度的福利依赖等诸多问题。同样，该系数过小，说明地方政府的救助力度不够，没有达到实施生活津贴制度的预期效果。一般来说，"低保"救助力度系数保持在 0.1~0.2 的水平是比较理想的。

2. 农村最低生活保障生活救助系数

农村地区的最低生活保障生活救助系数（以下简称"'低保'生活救助系数"），也称为农村地区的生活津贴标准系数，表明生活津贴基金对人均粮食消费支出的响应程度。"低保"生活救助系数 = T 农村"低保"标准/人均粮食消费支出，系数的大小表明农村"低保"资金能够满足人均家庭粮食消费水平。系数越大，满意度越高，但也应该指出这个系数并不是越大越好，系数太大也表明产生了一定程度的福利依赖性。一般来说，"低保"生活救助系数保持在 0.65 左右是一个比较合理的水平。

从宏观层面来看，由表 6-5 可以看出自正式启动农村"低保"制度以来农村人口生活保障得到了大幅度的提升，2008~2017 年，农村人均纯收入呈逐年递增的趋势，尤其 2015~2017 年农村人均收入实现了飞速增长。以此为前提下，农村"低保"制度的"低保"标准也是逐年增加。但由表中可以看出，"低保"救助力度系数 = t 年农村"低保"标准/t−1 年农村人均纯收入，这一系数自 2008~2017 年呈上升趋势。2008~2011 年，"低保"救助力度系数保持在合理标准范围，以此看出农村"低保"制度在此期间各方面都取得了较合理的进展。

表6-5　新疆农村最低生活保障救助指数测度

年份	农村人均纯收入（元/年）	农村家庭食品人均支出（元/年）	"低保"标准（元/年）	"低保"救助力度系数	"低保"生活救助系数
2008	3502.9	708.7	660	0.22	0.93
2009	3883.1	1225	789	0.23	0.64
2010	4642.7	1394.4	943	0.24	0.68
2011	5442.2	1138.1	1005	0.22	0.88
2012	6393.7	1891.1	1638	0.30	0.87
2013	7296	2072.00	1860	0.29	0.90
2014	8113	2540.22	2057	0.28	0.81
2015	8765	2622.52	2393	0.29	0.91
2016	10183.18	2624.19	2855	0.34	1.09
2017	11045	2716.04	3561	0.35	1.31

资料来源：根据历年《新疆民政统计年鉴》相关数据计算得出。

三、新疆维吾尔自治区农村"低保"依赖程度调查与分析
——基于对库车县农村"低保"群体的调查

南疆农村"低保"制度衍生的依赖问题的程度如何？依赖的成因是什么？针对不同的依赖程度，如何在实施退出政策时分类做工作？带着这些疑问，笔者深入南疆库车县某乡镇调查，以期基于调查基础，提出缓解"低保"制度中的福利依赖的建议，为改进全疆"低保"制度，扶贫攻坚战略的实施建言献策。

（一）调查情况简介

笔者于2017年11月份对新疆库车县X乡镇A、B、C三个村进行"低保"福利依赖情况的实地调查。调查采用"随机"式入户调查、与"低保"工作人员和村书记等有关人员进行访谈、座谈等方式。共发放200份问卷，有效问卷162份，调查享受"低保"人数200人，"低保"政策执行干部7人。从样本分

布情况来看，61 个样本，占比 37.65%，分布在 X 乡镇 A 村；23 个样本，占比 14.20%，分布在 X 乡镇 B 村；78 个样本，占比 48.15%，分布在 X 乡镇 C 村，主要调查对象集中在新疆维吾尔自治区级贫困村 C 村。

调查问卷设计，充分考虑被调查"低保"户对问卷的理解能力，在不影响调查宗旨的情况下，问卷内容设计原则简单易懂。调查问卷主要由家庭经济困难的原因、主要解决的困难、收入来源、主要生活支出、得到的"低保"金额、"低保"金能否保证基本生活、是否主动退出"低保"等内容组成。

（二）库车县 X 乡镇"低保"依赖程度及问题调查

库车县 X 乡镇位于县城南，总人口 3.3 万人，其中维吾尔族占 99.6%，辖区面积 147.6 平方千米，距县城 40 千米，下辖 25 个村。X 乡镇有耕地面积 115100 亩，村民小组 112 个，比起库车县其他乡镇人口较多。该镇有 1606 户困难家庭，总人数为 5863 人，1086 户"低保"家庭，总人数为 2196 人。

1. "低保"群体的性别和年龄构成

如表 6-6 所示，被调查的 162 个"低保"群体中男性有 82 个，占总人数 50.6%；女性有 80 个，占总人数 49.4%，男女性别分布基本上平衡，侧面反映出"低保"界定对象标准没有男女性别不平等问题。

被调查的"低保"群体主要以 18 周岁及以上的农村居民为主。调查发现，被调查者最低年龄为 17 岁以下，年龄最高者为 95 岁。其中，17 岁以下的人数占 10.5%；18~30 岁的人数占 13.6%；31~43 岁的人数占 11.1%；44~56 岁的人数占 13.6%；57~69 岁的人数占 23.5%；70 岁以上的人数占 27.8%；18~56 岁工作年龄段的有 62 人，占 38.3%，其中有劳动能力的人占 27%。在调查样本中有 27%的有劳动能力、年龄尚未达到退休的人员不应该享受却享受着"低保"带来的权益。从年龄、健康特征的角度来看，与年龄较高的农村"低保"受助者相比，农村最低生活保障制度在农村"低保"受助者中所产生的依赖程度较为明显。这部分人群有劳动能力，正处在劳动时间内，找工作的意愿却不强烈。农村最低生活保障制度不仅没有促使这些年轻的劳动力进入劳动力市场，反而在一定程度上产生了消极作用。事实上，17 岁以下和 56 岁以上人数占 61.7%，这部分人群既没有劳动能力又没有抚养人或者抚养人、赡养人没有能力养他们，他们是农村中的弱势群体，是真正需要"低保"政策扶助的。

表6-6 "低保"群体的性别与年龄分布情况

	频率	百分比（%）	累计百分比（%）
男	82	50.6	50.6
女	80	49.4	100.0
合计	162	100.0	—
17岁以下	17	10.5	10.5
18~30岁	22	13.6	24.1
31~43岁	18	11.1	35.2
44~56岁	22	13.6	48.8
57~69岁	38	23.5	72.2
70岁以上	45	27.8	100.0
合计	162	100.0	—

资料来源：表中数据根据笔者及所指导学生调研资料整理得来。

2. "低保"群体的文化程度

根据调查，如表6-7所示，农村"低保"的"低保"群体受教育程度平均水平较低，许多人的文化程度大多集中在初中和小学水平，小学水平人数最多。具体而言，在所有的调查对象中，小学水平的有71个人占43.8%、初中水平和文盲的各有38个人各占23.5%、高中（中专、大专、技校）水平的有14个人占8.6%、大学本科学历的只有1个人占0.6%，所以可以看到X乡镇的总体学历水平很低。由调查数据可以看出，有67.3%的人口文化水平处在小学阶段或者小学以下水平，这也可以从侧面反映出，农村人口普遍较低的文化水平是导致农村经济欠发达、收入水平低下的重要原因。摆脱这一现象最重要的一点就是农村低收入人口自身的发展能力要好，这个发展能力又是和受教育程度密切相关的，文化程度的提高意味着人的发展能力和综合素质的提高。因此，"低保"群体要提高文化教育水平，提高低收入人口的发展能力。

表 6-7　"低保"群体的文化水平分布说明

"低保"群体的文化水平	频率	百分比（%）
未读书	38	23.5
小学	71	43.8
初中	38	23.5
高中（中专、大专、技校）	14	8.6
大学本科及以上	1	0.6
合计	162	100.0

资料来源：表中数据根据笔者及所指导学生调研资料整理得来。

3. "低保"群体对"低保金"作用的评价

根据调查，如表 6-8 所示，虽然现在"低保"金额并不太高，但是从被调查"低保"户的回答来看，这份补助被看作是至关重要的收入，"减轻家庭负担"的有 65 个人占 40.1%；"能够大大改善生活状况"的有 84 个人占 51.9%。这表明"低保"实施效果，起到了一定的保障作用。"低保"领取者总体上还是维持了较高的满意度，但同时表明"低保"群体对于福利并没有过高期望，容易得到心理满足。"低保金"水平没有对"低保"对象的就业造成负向激励效应。[1]

表 6-8　"低保"群体评价"低保金"对家庭生活的作用

"低保金"对家庭的作用	频率	百分比（%）	累计百分比（%）
减轻了家里的生活负担	65	40.1	40.1
大大改善了生活状况	84	51.9	92.0
主要还是依靠自己挣	13	8.0	100.0
钱比有"低保"更好	—	—	—
合计	162	100.0	—

资料来源：表中数据根据笔者及所指导学生调研资料整理得来。

4. "低保"群体主动退出"低保"的意愿分析

"低保"制度建设是逐步推进的，"低保"群体基本上没有主动退保的概念，

---

[1]　马爽. 城市"低保"对象求职行为及其影响因素研究［J］. 清华大学学报（哲学社会科学版），2017，32（5）：183-194，199.

一般的"低保"群体中也有属于支出型贫困的,即暂时因为家庭成员患病或者发生变故而不能维持家庭基本生活,被纳入"低保"行列,当家庭中的危机解除后,这类人群因为想继续享有"低保"资格所带来的附加福利而不愿意退保。

如表6-9所示,对"什么样的情况下会主动退出低保"的问题,有54个人占33.3%提出"不知道,也许不会主动提出退保";被调查的"低保"群体的31.5%还是选择"找到稳定工作,能养活自己"才退保;有41个人占25.3%提出"家庭收入超过'低保'标准"时再退出"低保"福利。通过调查表明,56.8%的"低保"被调查者在收入超过"低保"或有稳定工作时有意愿退出"低保"。这纠正了一直以来存在的固有印象,认为所有的"低保"群体都想占便宜,都想一直享受"低保"政策的福利。33.3%的"低保"被调查者存在"低保"投机心理,只有9.9%的"低保"被调查者坚定地依赖"低保"。这个调查结果给我们启发,"低保"群体对"低保"福利依赖的程度是大相径庭的,要对"低保"群体分类管理,分类采取不同的工作方法减少"低保"群体对"低保"的依赖。对于9.9%的"低保"坚定依赖者,一旦达到退出"低保"条件,要启动强制退出机制,多做工作,监督更严;对于33.3%的"低保"投机者要加强监管,防止投机。在监督过程中,应采取主管部门、群众一起监督的办法。主管部门应定期进行抽查,确认最低生活保障对象是否还符合享受该项权利的条件。① 对于56.8%的能主动退出"低保"者,按一般工作程序办理退保,作为榜样表扬宣传,让这些"低保"群体明白保障的最终目的是不再受保障,感受到自谋生路、被尊重、个人价值被承认的快乐,同时又为投机者和硬性依赖者树立榜样,扩大自食其力光荣的影响,建立良好的"低保"退出风气。

表6-9 "低保"群体主动退出"低保"的意愿分析

主动退出"低保"的条件	频率	百分比(%)
找到稳定工作,养活自己	51	31.5
家庭收入超过"低保"标准	41	25.3
不知道,也许不会主动提出不要"低保"	54	33.3
不会	16	9.9
合计	162	100.0

资料来源:表中数据根据笔者及所指导学生调研资料整理得来。

---

① 朱一丹,金喜在. 我国城市"低保"福利依赖问题及对策探析 [J]. 东北师范大学学报(哲学社会科学版),2014(6):74-79.

5. "低保" 群体的主动就业意愿分析

就业不仅关乎生存，而且关乎有劳动能力人的人格尊严。"低保" 制度依据人格公平原则提供保障①，就业以一种更积极主动的方式实现了人格尊严。笔者与 "低保" 群体和村干部访谈发现，"低保" 群体的主动就业意愿不强烈，村干部给他们联系企业就业或公益性岗位，80% 的 "低保" 对象不愿意去，村干部要反复给他们做思想工作，督促他们去就业。"低保" 群体认为他们从事的工作收入较低，仅略高于 "低保" 标准的范围，即使辛苦工作，也不能解决家庭生活中的实际困难，因此仍希望继续保留 "低保" 待遇，不愿退保、不愿工作就业。这反映出 "低保" 制度退出机制的力度不够，"低保" 群体的自我谋生意识太弱。尽管工作的收入和 "低保" 的收入水平相当，但工作的收入是自己用劳动的努力得来的，这不高的工资收入体现了作为一个有劳动能力的人格尊严，而且它也孕育了未来可以通过自己的劳动赚取更多收入的希望。

"低保" 群体的主动就业意愿弱，根源在于通过劳动自我谋生意识弱，在短时期内难以单纯通过做思想工作的方式改变，要以督促为主要手段，辅之做思想工作，督促 "低保" 群体按时工作。从长期看，不但要改变 "低保" 群体的生存意识，还要通过教育培训、不断实践提高他们的生存能力和发展能力，才能提高 "低保" 群体的就业意愿。

（三）库车县农村 "低保" 制度依赖程度调查结论及建议

（1）17 岁以下和 56 岁以上人数占调查总数的 68%，这部分人群既没有劳动能力又没有抚养人或者抚养人没有能力养他们。他们是农村中的弱势群体，是真正需要 "低保" 政策扶助的。

（2）有 67.3% 的 "低保" 对象文化水平处在小学阶段或者小学以下水平。从长期看，摆脱贫困最根本的途径是教育培训，提高 "低保" 群体的文化水平，最终提高 "低保" 群体的自我谋生意识、生存能力、发展能力。短期内要以督促为主要手段，辅之做思想工作，督促 "低保" 群体就业。

（3）"低保" 群体对于福利并没有过高期望，容易得到心理满足。这种 "低保即安" 的心理使他们倾向于福利依赖。"低保" 群体对 "低保" 进入、退

---

① 李寿荣. 论城乡居民最低生活保障制度的公平原则 [J]. 新疆社科论坛，2014 (2)：78-82, 92.

出制度了解非常少，"低保"政策的实施者应加大对"低保"制度的宣传力度，特别是对退出制度的宣传，让"低保"群体有危机感，让他们明白"低保"不是永久的，要有自谋生路的压力和计划。

（4）按照"低保"群体对"低保"的依赖程度由轻到重可以将其分为三类：主动退出"低保"者、"低保"投机者、"低保"坚定依赖者。要对"低保"群体分类管理，减少"低保"群体对"低保"的依赖。对于"低保"坚定依赖者，一旦达到退出"低保"条件，要启动强制退出机制，多做工作，监督更严；对于"低保"投机者要加强监管，防止投机；对于主动退出"低保"者，按一般工作程序办理退保，作为榜样宣传。

四、新疆维吾尔自治区"低保"对象界定问题分析及建议

研究表明，当今存在的福利依赖现象主要是在"低保"对象界定方面存在困难，本章节以此问题为出发点，致力于找到科学、可行的"低保"对象界定方法，希望能对减缓福利依赖有实质上的推动作用。

自1999年开始在鄯善县试点至今，新疆农村"低保"工作经过了大量的探索与实践，取得了长足的发展，对促进新疆农村人民生活水平的提高、经济发展、政治稳定起到了很大的作用，一张覆盖全疆农牧民的最低生活保障网络已经形成。然而，新疆农村"低保"制度仍处于不断完善的过程中，存在很多的问题需要去解决，这些在一定程度上阻碍了"低保"退出机制的有效运行。

改进新疆农村"低保"对象界定方法包含以下几个方面：

（一）农村家庭收入核算方法

随着经济的不断发展，农村家庭的生活水平由于其收入来源的多样化而不断提高。因此在收入核算方案中也应充分考虑各项可能性收入，并制定详细的计算方式。根据农村家庭收入的组成，本方案将收入划分为劳动收入以及劳动以外的收入两大部分，并继续对这两大部分进行细化从而得出较为完整的核算

方案。农民纯收入计算公式如表6-10所示。

对于表中各项指标进行说明：

（1）种植业收入相关指标。①种植物亩产量以当地种植物平均亩产量为标准。②种植物单价以当地平均市场价格为标准。若为价格波动较大的年份，则以近两年的平均市场价格作为该年份价格。

表6-10　农民纯收入计算公式

收入分类				计算公式
劳动收入	农业收入	种植业收入	粮食类收入	种植业纯收入＝（种植物亩产量×种植面积×单价-成本）×劳动力系数（劳动力系数见表6-11）
			蔬菜类收入	
			林果类收入	
		养殖业收入	家禽家畜收入	养殖业纯收入＝（单个养殖物的单价-单个养殖物的成本）×数量
			牧业收入	
			渔业收入	
	就业收入	固定收入	工资性收入	按实际纯收入计算
			自谋职业者经营收入	经营性纯收入＝缴税金额×缴税比例-缴税金额-经营地最低生活消费水平（有票据的情况下），其他情况详见具体说明
			打工收入	详见具体说明
		非固定收入	零工收入	详见具体说明
	其他劳动收入			除农业收入和就业收入以外的劳动收入，按具体情况计算纯收入
劳动以外收入	转移性收入		赡养费收入	赡养费＝（赡养人家庭人均年收入-"低保"标准）×30%（有多个赡养人的，应合并计算）
			抚养费收入	详见后文说明
	其他劳动以外的收入			包括财产性收入、各种社会及商业保险等收入及其他劳动以外收入，按实际纯收入计算

（2）养殖业收入相关指标。养殖物单价以当地平均市场价格为标准。

（3）就业收入相关指标。①经营性收入的计算若有票据按表中公式进行计算。若无法提供相关票据，通过组织座谈等方式，同时参考行业评估标准和当地劳动力人均收入进行估算。②打工纯收入若有相关收入证明，按收入证明计算。若无法提供相关证明，则按打工纯收入＝务工地最低日工资标准×务工天数。（打零工者收入同）

（4）转移性收入相关指标。子女的抚养费视以下 3 种具体情况来计算：①有固定收入的，抚养费一般可按其月总收入的 20%～30% 的比例给付，承担两个以上子女抚育费的，比例可适当提高，但一般不得超过月总收入的 50%。②无固定收入的，抚养费的数额可依据当年总收入或同行业平均收入，参照上述比例确定。③有特殊情况的，可适当提高或降低上述比例。

（5）劳动力系数是指根据申请"低保"的家庭成员按年龄、身体健康状况划分出不同的"劳动力系数"，在计算种植业收入时以区分不同的劳动力素质。例如，一家三口，户主属完全丧失劳动能力的重病人员，劳动力系数为 0；女儿属在校小学生，劳动力系数为 0；妻子，40 岁，劳动力系数为 1；全家有 1 名需要护理照顾的重病人员，扣减劳动力系数 0.2，全家合计劳动力系数为 0.8。具体如表 6-11 所示。

表 6-11　劳动力系数

类别及等级	男 16～50 周岁；女 16～45 周岁	男 50～60 周岁；女 45～55 周岁	男 60～65 周岁；女 55～60 周岁	男 66 周岁以上；女 61 周岁以上 70 周岁以下	16 周岁以下人员及在校学生；71 周岁以上
正常人员	1	0.8	0.4	0.2	0
一般残疾人员	0.7	0.5	0.3	0.1	0
患有慢性疾病人员	0.4	0.3	0.2	0.1	0
3 级智力、精神残疾人员	0.2	0.1	0	0	0
1、2 级视力盲，精神，肢体，智力残疾人员；重病且完全丧失劳动能力人员	0	0	0	0	0
有 1 名需要照顾的完全丧失劳动能力的重残、重病人员家庭；或有未成年人的单亲家庭；或 50 周岁以上未婚（或离异）的单身家庭	家庭劳动力系数减 0.2				

类别及等级	男 16~50 周岁；女 16~45 周岁	男 50~60 周岁；女 45~55 周岁	男 60~65 周岁；女 55~60 周岁	男 66 周岁以上；女 61 周岁以上 70 周岁以下	16 周岁以下人员及在校学生；71 周岁以上
有 2 名以上（含 2 名）需要照顾的完全丧失劳动能力的重残、重病人员家庭	家庭劳动力系数减 0.4				

注：一是当人员类别重复时，劳动力系数按较低的计算。二是多重残疾人员劳动力系数的核定：按多重残疾中残疾等级较重的核定出个人劳动力系数，计算其收入，然后再进行家庭劳动力系数扣减的计算。

三是关于残疾人员的认定。依据残联部门核发的新版《残疾证》确认。因特殊原因未办残疾证的，在所在村（居）登记，经民主评议会统一评定确认。

四是本表中的慢性疾病（慢病），主要表现为以下几个方面：

（1）慢病病种：糖尿病（有并发症）、肝硬化功能失代偿期、脑卒中后遗症、处于缓解期或巩固期精神分裂症、股骨头坏死、癫痫、帕金森病、类风湿性关节炎、慢性阻塞性肺气肿及肺心病、市传染病医院及以上医疗机构住院治疗的布病、市传染病医院及以上医疗机构住院治疗的耐多药性结核病，以及民政部门认定应纳入慢病范围的其他疾病。

（2）农村慢病人员的确认：①被确诊为慢病、门诊治疗的，需提供县新农合（或医保）部门慢病补偿手册；②住院治疗、被确诊为慢病，需提供新农合（或医保）部门医药费报销单（或医药费报销证明）、新农合合作医疗证（参险本）；③未住院治疗，无慢病补偿手册，需提供慢病补偿审批材料，由县新农合（或医保）部门审批确认后出具慢病证明（负责人签字盖章）。

五是本表中的重病，主要表现为以下两个方面：

（1）重病病种：各种恶性肿瘤、终末期肾病（尿毒症）、慢性粒细胞白血病、血友病、艾滋病机会性感染、重度精神病（精神分裂症、偏执型精神障碍、躁狂抑郁症）、儿童急性白血病、儿童先天性心脏病（上年度以来）、重要器官移植（上年度以来）、急性心肌梗死（上年度以来，一次住院个人自付医药费 5000 元（含）以上）、脑梗死（上年度以来，一次住院个人自付医药费 5000 元（含）以上）、系统性红斑狼疮、再生障碍性贫血及民政部门认定应纳入重病范围的其他疾病。

（2）重病提供的证明材料：①医药费在新农合部门报销的，可提供"新农合合作医疗证"及"新农合医药费报销单"（由县合管办负责人签字盖章）；②未在新农合部门报销的，需提供在旗县级以上医疗机构治疗时医药费、诊断（或检查报告）原件及病历复印件（加盖公章）；③近年来申请过民政医疗救助的，也可向县民政局申请出具相关病史材料证明确认。

（二）民主评议法

（1）农村"低保"民主评议的必要性。农村"低保"民主评议对于保障农村"低保"的公平性具有重要意义。首先，对于农村"低保"对象的资格认定的程序必须要做到公平、公正和公开，这其中民主评议力量的参与在确认农村"低保"对象的资格认定中发挥着重要作用，是识别农村"低保"对象机制实施的关键。若缺少民主评议力量的参与，可以认定在农村"低保"对象资格认定的过程中没有体现民意，具有"封闭化操作"的特点，在舆论方面会引起很大的争议，因此，实行民主评议是保证农村"低保"制度公平公开的重要保证。其次，由于农村经济的特殊性和农民收入的复杂性，导致直接性的货币衡量在农村"低保"识别中很难实现。此时，邻里和村民间的互评则为农村"低保"的资格认定提供了一条新的途径，倾听更多的声音，才更能保证公平的实现。单一根据收入核算来认定农村"低保"对象而对特殊情况缺少考虑会在一定程度上有失公平，在规范的民主评议制度下会对此类现象有所帮助。在"低保"对象的界定方面，各地都制定并实施了"低保"标准和家庭收入核算方案。然而，许多研究表明家庭收入并不能完全反映低收入家庭的所有情况。[①] 因为农村中一些家庭的低收入很大程度上是因为家庭成员身患重病、重度残疾、劳动力缺乏和医疗费用较高等种种因素所造成的，若仅仅依据家庭收入来审查"低保"对象难免有失公允。农村社会是一个熟人社会，关于农户的家庭情况邻居村民是十分清楚的，将村民纳入"低保"对象界定程序中可以有效避免由于信息不对称造成的造假骗保情况。因此群众评议，尤其是村委会的作用对于提高"低保"对象瞄准程度有着至关重要的作用。

（2）农村"低保"民主评议的优势。民主评议在农村"低保"工作中是一项基础性工作，其呼声很高，地位也很重要，有较强的可行性。农村是一个聚居的熟人社会，常年的邻里生活使村民彼此相互了解对方的生活状况、经济状况等家庭情况，民主评议成员可包括村级干部和村民代表。他们对村民家庭情况都比较了解，可进行入户调查来参与民主评议，可进行家庭特征的综合分析，得出的评议结果也是更具有瞄准性和公平性。因此，对于农村"低保"审核工作来说，民主评议是很重要的基础性工作，除此之外的其他工作也可进行民主评议来加强公平性、公开性。

由于农村经济情况的特殊性和村民收入的复杂性，村民也可能存在收入

---

① Word Bank. From Poor Areas to Poor People: China's Evolving Poverty Reduction Agenda-An Assessment of Poverty and Inequality in China [R]. Poverty Reduction and Economic Management Department, East Asian and Pacific Region, World Bank, 2009.

"瞒报""虚报"等情况，对这些情况最了解的就是本地村民，村民可根据了解到的真实情况来进行民主评议，这样经过民主评议过程得出的"低保"对象村民往往是更容易接受的，也往往被认为是公平的。民主评议小组成员部分是村民代表，代表了广大村民的意见和呼声，村民对此的认可度较高，也有利于村里其他事务的顺利进行。

我国是人民民主专政的社会主义国家，人民是国家的主人。把民主评议创造性地运用到农村"低保"工作中则体现了人民当家做主，切实实现"民主选举、民主决策、民主管理、民主监督"，[①]农村"低保"工作是事关农村切身利益的事情，村民委员会只有提请村民会议讨论决定才能办理。民主评议在农村"低保"家庭收入核算和确定"低保"对象上，大大提高了"低保"工作的透明化和民主化，同时也提高了村民的主人翁意识，使村民树立更强的责任感和使命感。

（3）实施农村"低保"民主评议制的具体做法。①经过民主评议直接定保。对于村里众所周知的极端低收入家庭，可进行直接定保处理，这样也减轻了繁杂的"低保"核算流程。[②] 如村里公认的无依无靠、无生活来源、无劳动能力的孤老残幼、家庭主要成员严重残疾或丧失劳动能力、由于突发性灾害造成家庭生活困难的家庭以及特殊的救济对象等。对于这样经过民主评议可直接定保的对象进行公示，若村民有异议，再进行家庭经济核算，对于没有异议的对象则进行直接定保，从而节省人力物力。②"定量""定性"核算相结合。在农村"低保"对象的界定工作中，本方案采用收入核算与民主评议相结合的方法。即在个人申请的基础上，由基层工作人员依照家庭收入核算方案对申请者家庭收入进行核算，之后再由村级干部和村民代表所组成的评议小组对"低保"申请者受益资格一一进行民主评议，并将民主评议的结果进行公示再交由县"低保"待遇审批委员会进行审批、公示，产生最后的"低保"对象名单。"定量"核算是指上文中确定的家庭收入核算公式，根据这个确定的"定量"核算公式来计算申请"低保"家庭的收入作为主要参考；"定性"核算是指民主评议对申请"低保"家庭的评议结论，根据民主评议得出的结论可对申请"低保"家庭排序，将两种核算结果结合起来甄别"低保"对象。

---

① 艾广青，刘晓梅，田伟科. 农村最低生活保障对象界定方法探索[J]. 财政研究，2009（8）:13-15.

② 张洁云，娄之歆. 我国农村"低保"对象的科学界定［J］. 农村经济，2006（1）：78-80.

五、本章小结

本章在我国及新疆农村"低保"制度政策梳理的基础上,首先,厘清农村"低保"制度与扶贫政策的联系与区别及两种制度相互衔接的必要性,同时分析衔接过程中出现的衔接成本过高等一系列问题并提出相应的完善两种制度衔接的对策建议;其次,本章通过研究新疆农村"低保"制度实施情况及成效,重点分析了"低保"制度实施过程中依赖的表现,在众多的问题中,"低保"对象的界定因为其操作的复杂性面临着困境,"低保"对象的准确界定关系到"低保"制度的有效及顺利实施,因此在本章中对新疆农村"低保"对象的界定方法提出了改进方案,其中,包括详细的家庭收入核算的操作方法与民主评议法的具体流程。

我国农村"低保"制度自实施以来,致力于解决农村低收入人口生活困境,然而农村"低保"制度仍存在欠缺,需继续取长补短,摆脱现有困境,合理保障农村人口生活水平,缩小城乡差异,用更大的力度、更实的措施保障和改善民生,让实现全体人民共同富裕在广大人民现实生活中更加充分地展示出来,决胜全面建成小康社会的伟大目标。

后　记

　　新疆是一个位于祖国西北边陲的多民族地区，完善的社会保障体系建设对于化解新疆老龄化社会危机、提高农村居民健康指数、保障农村居民最低生活水平、缩小城乡二元经济发展差距、维护新疆社会稳定具有重大的现实作用。本书根据中央新疆工作会议的相关精神，特别是党的十九大报告中"加强社会保障体系建设。按照兜底线、织密网、建机制的要求，全面建成覆盖全民、城乡统筹、权责清晰、保障适度、可持续的多层次社会保障体系"的建设要求。

　　本书在对新疆农村居民医疗保险发展的研究中，首先阐述因为完善的农村居民医疗保险制度建设对新疆农村发展的重大现实意义，所以党和政府一直特别关注新疆民族地区农村医疗保障事业的建设。在党和政府的大力支持下，新疆农村医疗保险事业的发展经历了从农村居民医疗保险、新型农村居民合作医疗到城乡居民基本医疗保险制度建设的发展阶段。虽然自中华人民共和国成立以来新疆农村医疗保险事业的发展在保障农民权益、减轻农民就医负担等方面有所成就，有效解决了部分农村居民的"就医难""看病难"问题，但新疆农村医疗保险的发展仍然暴露出诸多不足。国内外的相关研究对新疆农村居民医疗保险的研究仍处于萌芽阶段，对这方面的理论与现实的研究不够深入，因此本书对新疆农村当前医疗保险的发展进行梳理、调查、研究具有重要的现实意义。在对农村医疗保险制度的基本理论等相关内容介绍中，既强调要在与国家层面主导的新型农村合作医疗制度的基本制度一致的前提下，又要根据不同地区农村医疗保险发展的实际，提出了可操作性、针对性强的对策建议。根据党的十九大民生事业建设以人民为中心的发展要求使医疗保险的成果惠及农村群众，随后对新疆实施医疗保险制度的历史、现状及存在的问题做了较为翔实的分析与阐述，并在此基础上结合国外农村医疗保障制度的经验，针对新疆农村医疗制度中遇到的问题，从筹资机制、卫生资源配置、经办机构服务水平的不断完善、民众医疗保险意识的加强、监管机制以及法律规范的建立健全等方面提出建议。

　　本书在新疆农村"低保"建设问题的研究中，首先对我国及新疆农村"低保"政策进行梳理，其次本书通过研究新疆农村"低保"制度实施情况及成效，重点分析了"低保"制度实施过程中"低保"对象对"低保"依赖程度的表现，"低保"对象的界定因为其操作的复杂性面临着困境，"低保"对象的准确界定关系到"低保"制度的有效及顺利实施，因此本书对新疆农村"低保"对象的界定方法提出了改进方案。其中，包括详细的家庭收入核算的操作方法与民主评议法的具体流程。

　　本书在对新疆农村居民养老保障建设问题的研究分析中，首先，利用第六次全国人口普查数据对新疆人口老龄化进行趋势分析，了解到新疆农村人口年龄结构的基本情况和新疆地区人口老龄化趋势的主要特征。特征包括未富先老、农村人口老龄化较明显、农村人口老龄化区域差异较大。其次，对新疆农村养老保险制度发展历程做了较为翔实的介绍，还通过新疆"老农保"和新农保的发展历程及新、老农保对比分析，经过研究和数据分析，得出了新农保实施后，农村居民对其预期收入的信心增强，其生活质量有了一定程度的改善。通过具体分析 X 市 Y 镇新农保政策实施的一个案例，讲述了 Y 镇新农保政策实施的现状以及取得的成效，并从政府责任、经办机构、农牧民自身条件等方面提出问题并给予相应的对策建议。同时通过研究还发现自城乡居民养老保险合并以来，运行过程中也出现了一系列问题，从政策、地方政府、经办机构、养老保险基金运营效率、城乡居民参保信心和参保能力等方面分析问题及原因，并提出了相关对策建议。本书也结合上述问题和分析提出了完善新疆农村居民养老保障制度的建议，主要包括增强农村居民的养老保障意识、完善新疆农村居民养老保障制度体系、完善新疆农村养老保障经办机构、促进农村养老保障基金筹资渠道多元化和促进农村养老保障基金保值增值。

　　本书希望能够为新疆农村社会保障体系的发展尽绵薄之力，为决策者提供一个决策参考，探索出一条与当地社会经济发展水平及农民的需求相适应的社会保障体系。笔者相信在党和政府强有力的领导及在驻村工作组同志的辛勤付出中，新疆农村的医疗、养老、医疗保险、精准扶贫工作的发展会再上新台阶。最终新疆农村将会作为全国民族地区或边疆农村社会保障体系建设研究的"试验田"，能够为促进城乡协调发展进而以促进边疆稳定、社会稳定和民族团结提供强有力的保障。